リーガルマインドが身につく

自治体
行政法入門

改訂版

●上智大学法学部・法科大学院教授
●自治大学校講師

北村喜宣／著

ぎょうせい

改訂版 はしがき

　最近、自治体職員研修の冒頭部分で、こういう話をするようにしています。

　ご自身の体調が、あるいは、お子さんの体調が悪くなったとき、病院に行きますね。窓口で診察カードを出すとき、どんなことを考えていますか。「この病院のスタッフは、治療法を十分に理解しているから、症状にあわせた適切な医療対応をしてくれる」。こんな感じでしょうか。

　それでは、住民が行政の窓口で申請書を出すときはどうでしょうか。「この行政のスタッフは、法令を十分に理解しているから、私のニーズにあわせた適切な事務対応をしてくれる。」と考えるでしょう。ところで皆さんは、法令を十分に理解できていますか。その対応に不満であれば、病院ならほかに代えられます。しかし、行政は代えられません。住民は転居するしかないのです。そうであるからこそ、皆さんが基本的な法的知識を持っているのは、とても大切なことなのです。

　「行政のプロ」である皆さんに対して、ひとりの住民としての私の想いも込めて初版を見直したのが本書です。どうかお楽しみください。

　2023年　晩秋のころ

　　　　　　　　　　　　　　　　　　　　　北 村 喜 宣

第2部　自主的・自律的な自治体運営

本書のまとめ

第1部

住民をまもり
職員をまもる
法律

第1章
行政とは何者だ？

〔**本章で伝えたいこと**〕

　行政とは何者か。あまりにも当然と感じていることについて改まって聞かれると、ちょっと戸惑ってしまう。しかし、自治体職員にとっては、市民のためにも周到な理解をしておかなければならない基本的事項である。

　憲法は、国民に対して、基本的人権を保障している。さまざまな政治的利害調整の結果、その内容を具体的に決定する法律が制定される。都道府県庁、市役所、町村役場といった行政は、法律によって規定された基本的人権の内容を、具体的場面で実現する義務を負った存在なのである。

　例えば、憲法25条が保障する生存権は、生活保護法や母子保健法の実施を通じて実現される。憲法29条が保障する財産権は、都市計画法や建築基準法の実施を通じて具体的に実現される。法律は、行政に対して、必要な権限を与えている。行政は、それを的確に行使することを義務づけられているのである。

1. 「お役所って何をするところなの？」と 9歳児に聞かれたら……

★小学生が突きつける難問

　この本を手にしているあなた。就職したばかり、あるいは、それから数年を経過したまだ若い世代の自治体職員ですね。名刺には、自分の名前のほかに、自治体名・部課名・住所・電話番号・メールアドレスなどが印刷されています。現在の職場や仕事にもそろそろ慣れてきた頃でしょう。名刺を渡す手つきも、板についてきました。

　そうした自治体職員であるあなたが、親戚の集まりに出かけたとします。そこには、甥っ子か姪っ子の小学校3年生がいて、次のような質問をしたとしましょう。

　「ねえねえ、お役所って何をするところなの？」

　あなたはどう答えますか。しかも、9歳児にわかるように、です。

★政策法務研修の最初の時間

　私は、自治体や研修組織の依頼を受けて、職員に対して政策法務研修をすることがあります。そのとき、2時間の研修であっても4日間の研修であっても、必ず、自治体を前提にして、「行政とは何者か？」という話から始めます。

　当たり前すぎて、受講生は普段はとくに意識していません。しかし、この話をするのは、政策法務研修をスタートするに当たって決定的に重要な内容が含まれているからです。時間に余裕があるときには、「隣同士でちょっと話し合って、20字以内で答えをつくってください。」といいます。ちょうどいいアイスブレーキングになります。いろいろな説明が出てきます。

「法律に基づき住民の福祉を増進する仕事をするところ」。これでは、小学生はきょとんとしてしまいます。「憲法で保障された基本的人権を保障する仕事をするところ」。ますます遠くに行っています。受講生と数回のやりとりを重ねて、「みんなの幸せづくりをお手伝いするところ」「みんなのために働くところ」という答えに落ち着きます。

★みんなを幸せに

「みんなを幸せに」。なるほど、そういわれればそうですね。実は、この表現は、かなり深い意味合いを持っています。本書のイントロダクションとして、いくつかの観点から、この言葉の意味を考えてみましょう。

2. 憲法は何のためにあるのか？

★憲法のもとでの自由や権利

私たちには、憲法によって、さまざまな自由や権利が保障されています。「侵すことのできない永久の権利」（11条、97条）という文言さえあります。しかし、そうであるからといって、個人が好き勝手に自由や権利を行使するわけにはいきません。「国民は、これを濫用してはならない」（12条）のです。

ここで、高校生用の現代社会の教科書を開いてみましょう。高校時代なんて随分前のことですが、テキストには、公務員の仕事にも直結する重要な記述をたくさん見つけることができます。巻末には、憲法の全文103か条が収録されているのが通例です（実は、中学生用の公民テキストもそうです）。

　日本国憲法は、基本的人権を「侵すことのできない永久の権利」として保障している（第11条）。しかし、どんな場合でも人権は一切の制限を受けないということではない。憲法も、国民は人権を濫用してはならず、「常に公共の福祉のために」利用しなければならないと定めている（第12条）。ただし、「公共の福祉」は、個人の権利を等しく尊重し、適正な調整を図るための原理であり、決して個人をこえた全体の利益を意味するものでないことに、注意が必要である。

［出典］淡路剛久ほか『最新現代社会〔新訂版〕』（実教出版、2019年）88頁

　どうですか。随分と難しい表現がされているように思いますが、高校の教科書ですよ。きっと学習したことがあるはずです。「行政とは何者か？」に引きつけて解説します。

★財産権の場合

　数字でイメージしてみましょう。憲法によって100の権利が保障されているとします。具体的な権利を踏まえる方がわかりやすいですから、ここでは、「財産権は、これを侵してはならない。」（29条1項）と規定される財産権を例にします。

　ところで、あなたがお住まいの地域は、どのようなところですか。ご近所の風景は、どんな感じでしょうか。例えば、2階建ての戸建て住宅しかなく、それぞれにはちょっとした庭があるというような近隣であるとします。おそらくそこは、都市計画法に定められる用途地域のひとつである第1種低層住居専用地域でしょう。同法は、この地域について、「低層住宅に係る良好な住居の環境を保護するため定める地域」（9条1項）と規定します。まちづくり全体の観点から考えて、とくに落ち着いた低層住居系にしようという決定がされたのです。例えば、高さが10m以下でなければならないとか、敷地内にオープンスペースを50％確保しなければならないというよ

うに、本来、自由であるはずの財産権が制約されています。100の権利が、ここでは70に抑え込まれているといえます。都市計画法、そしてまちづくりに大きくかかわる建築基準法によって、それが一般的に実現されたのです。

　それでは、通勤に使う駅の周辺はどうでしょうか。戸建て住宅、マンション、コンビニ、パチンコ店、デパート、ラブホテル……。きわめて多様な用途が認められています。というのも、そのあたりは、都市計画法のもとでの用途地域のうち、商業地域に指定されているからです。同法によれば、商業地域とは、「主として商業その他の業務の利便を増進するため定める地域」（9条10項）です。さまざまな用途の利用が可能になります。100ではないにせよ、90くらいは認められているといえます。雑然とした、しかし、活気のある雰囲気になるのはこのためです。

★憲法の自由・権利を確定する法律

　憲法で保障された自由や権利をどの程度制約するかは、民主的決定に委ねられます。それは、市民の代表者から構成される国会や自治体議会といった立法機関が制定する法律（国法、自治体法）によって決定されるのです。

　これは、政治的決定です。100を70にするのがよいのか50にするのがよいのかは、さまざまな利益を衡量した結果です。環境保全を例にすれば、かつては産業優先でしたから、100の権利は95ほどにしか制約されていませんでした。その結果、規制は緩やかになり、結果として、深刻な公害問題が発生したのです。しかし、環境保全が重視されるにつれて制約の度合いは高まり、現在では、個別法律によって、たとえば50ほどになっているのです。それが、憲法29条が保障する権利の具体的内容であり、個別法により課される権利の制約は、特段の補償を受けることなく我慢すべきものとされます。

★生存権の場合

　生存権について、憲法は、「すべて国民は、健康で文化的な最低限度の生活を営む権利を有する。」（25条1項）と規定します。この一部をタイトルにしたコミックもありますね（柏木ハルコ『健康で文化的な最低限度の生活』（小学館））。生存権についても、財産権と同様に説明できます。

　確かに憲法は、生存権を明確に保障しています。しかし、それでは具体的にどれくらいであるとよいと考えているかについてはわかりません。そこで、国会がそれを踏まえて、生活保護法などの法律を制定し、それによって生存権の内容を定めます。抽象的な状態にある権利を70と具体的に確定するのが個別法です。憲法25条が規定する生存権は、法律によって、具体的権利となります。高校の教科書では、生存権の説明の部分で、しばしば「朝日訴訟」が紹介されます。原告が朝日茂さんであったため、その姓をとってこのように呼ばれます。先ほど参照したテキストを、ちょっと見てみましょう。

> 朝日訴訟　重症の結核で入院していた朝日茂さんが、兄からの仕送りを理由に生活扶助の打ち切りなどの処分を受け、1956年当時の生活保護基準（日用品費月額600円）が「健康で文化的な最低限度の生活」の保障には不十分で、憲法第25条に違反すると争った訴訟。東京地裁は法的権利説を採用し、朝日さんの主張を認めた（1960年）。この判決のあと生活保護費は増額された。しかし、最高裁はプログラム規定説の立場から、生活保護基準の決定は厚生大臣の裁量に属し憲法違反とはならないとした（1967年）。
> ［出典］淡路剛久ほか『最新現代社会〔新訂版〕』（実教出版、2019年）85頁

　「プログラム規定説」とは何でしょうか。これは、憲法25条は国の政策上の指針を示したものであり、直接個々の国民に具体的権利を与えた規定ではないという考え方です。生活保護法のような法律によって初めてその内容が確定されるのです。

★「みんな」の意味

　行政の役割は、「みんなを幸せにすること」でした。もっとも、文字通り「すべての住民」が幸せになるような決定はありえません。家族やサークルでも多種多様な意見が出るのですから、国や自治体という大きな単位になれば、全員が満足することなど不可能です。

　議員の過半数の賛成で、法律や条例は制定されます。その決定の結果が、「みんなが望むもの」とみなされるのです。

★行政の役割（その1）：申請に対して判断をする

　ここまでの説明には、行政は登場してきませんでした。それでは、行政は、どのような場面で出てくるのでしょうか。行政は、個々の住民が個別法で保障された自由や権利を行使しようとする具体的場面で、私たちの目の前に登場します。個々の法律や条例を議決するのは議会の仕事ですが、その実現は行政の仕事です。

　先にみた建築規制を例にしましょう。確かに、個別法で建築規制がされています。しかし、その解釈を土地所有者に任せておいて建築をさせるとすればどうなるでしょうか。土地所有者には、より大きな建物を建てたいインセンティブがありますから、結果として、70では我慢できずに75の建物が建ってしまうかもしれません。また、生活保護を例にすれば、70の生活保護費が欲しいと生活に困っている人が願うだけでは、それが天から降ってくるわけではありません。

　そこで、私たちは、法律で保障されている自分の自由や権利を100％実現するべく、行政に対して個別にアプローチします。これが、「申請」と呼ばれる行為です。

　申請に対して、行政はどのように応答すべきでしょうか。担当者の好みで決めてよいでしょうか。そうではありません。法律や政省令に規定される法定基準に従った判断が求められるのです。個々の申請者に関して、どれくらいの建築が認められるべきか、どれくら

いの手当が支給されるべきなのかは、法律があらかじめ抽象的に決
定しています。それを、具体的申請を受けて申請者との関係で判断
するのが、行政の役割なのです。70とされているのであれば、それ
を100％認めます。それが適切になされれば、個々の申請者はそれ
なりに満足します。認められなかったのは、基準を超える要求をし
たからであり、それは仕方ありません。そうした判断が個別ケース
において的確にされることによって、法律の目的が実現されます。
これが、「みんなを幸せにする」ということの意味なのです。

　憲法、法律、行政の関係については、［図表1.1］の図で確認して
ください。憲法が国民に対して抽象的に100と保障している権利を、
議会が法律で一般的に70と規定します。70に抑え込む理由が、「公
共の福祉」です。憲法12条は、憲法により保障される自由・権利を、
国民は常に公共の福祉のために利用するべきと規定します。憲法29
条2項は、財産権は公共の福祉により規制されると規定します。行
政は、議会と国民の間に立って、法律により保障された自由・権利

■ ［図表1.1］憲法、法律、行政の関係

憲法 100

公共の福祉

法律 70

行政の決定
法律で70と確定された
内容を個別ケースにおい
て100％実現する

を個別的場面において100％実現するのが仕事なのです。

★行政の役割（その２）：過大な行使を是正する

　行政の役割は、それだけではありません。法律が私たちに認めたのが70の自由や権利である以上、それを超えた状態になった場合には、70に戻す必要があります。これも、行政の役割です。

　財産権についていえば、先にみた第１種低層住居専用地域の規制に違反して増築をした場合には、行政は、建築基準法に基づいて除却命令を発することになります（９条１項）。都市計画法が定めたそれぞれの用途地域において、どのような建築が認められるのかは、建築基準法が規定しています。例えば、建ぺい率（敷地面積に対する建築面積の割合）40％の規制がされているにもかかわらず、同じ敷地内に子ども部屋を増築したり、容積率（敷地面積に対する建築延べ面積（延べ床面積）の割合）60％の規制がされているにもかかわらず吹き抜けに床を張って部屋を作ったりすれば、建築基準法違反です。違法部分を除却して適法状態に戻すように命じられます。

　生存権についていえば、生活保護法のもとで、規定を上回る所得があったにもかかわらずそれを隠した虚偽の申請をして支給を受けた場合、「保護費を支弁した都道府県又は市町村の長は、その費用の額の全部又は一部を、その者から徴収するほか、その徴収する額に百分の四十を乗じて得た額以下の金額を徴収することができる。」とされています（78条１項）。国民の税金の不適正な再配分は、回避しなければなりません。

　このように、権限が適正に行使されることにより、秩序ある街並みが形成され、公平な公金の分配が実現されるのです。その結果、法律の目的は実現され、「みんなが幸せになる」というわけです。

★法律から出る２本のベクトル

これまでの説明をまとめて図で確認しましょう。［図表1.2］を見てください。ここでは、都市計画法や建築基準法に基づく建築規制を念頭におきます。

■ ［図表1.2］法律と建築主・行政の関係

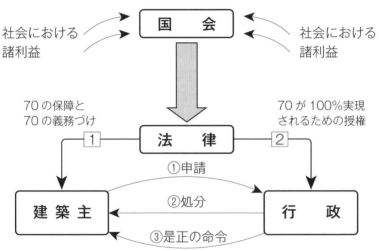

政治家の集まりである国会は、社会におけるさまざまな利益を集約・調整して、その結果を法律のなかで表現します。法律から左右に２本のベクトルが出ていることに注目しましょう。ベクトル①は、建築主に向けられます。その内容は、財産権を70だけ保障すること、裏を返せば、70という制約に従って行動することの義務づけです。

行政に対して伸びているベクトル②の意味は何でしょうか。これは、議会が法律を通じて行政に権限を与えていることを意味します。「授権」と呼ばれます。建築主から申請が出されれば（①）、法律や

政省令が示す基準に従って判断し、申請の可否を返答します（②）。70の権利の100％実現です。また、建築主が違法に増築をした場合には、基準通りに戻すよう是正を命じます（③）。70を超えて行使された権利を70にするのです。行政にはこうした権限が与えられており、それを具体的場合において的確に行使するように義務づけられています。

　これらの行政の活動は、すべて法律に根拠があります。その法律は政治的決定でしたから、結局のところ、行政は、政治的決定の実施を行っているのです。「政治を行う」などというと、「それは政治家のやることだ。」と思うかもしれません。でも、「政治を行う」をひっくり返せば、「行政」になります。二文字の間に漢文の時間に習った「レ点」を入れるといいですね。「中立」といわれることもありますが、行政は政治性から逃げられない宿命なのです。

★憲法で一番重要な条文？

　自治体職員にとって、「憲法で一番重要な条文」は何でしょうか。いろいろな答えがありそうです。最近、私は、99条ではないかと考えています。「えっ、99条？　9条なら知っているけど、99条なんてそんな条文あったかなあ。」と思うかもしれません。憲法は103か条ありますから、99条は、確かに存在します。それは、次のとおりです（下線筆者）。

> ■日本国憲法99条　天皇又は摂政及び国務大臣、国会議員、裁判官その他の<u>公務員は、</u>この憲法を尊重し擁護する義務を負ふ。

　天皇や裁判官と一緒に規定されているなんてすごいですね。下線部にあるように、それぞれの<u>立場</u>で憲法を尊重し擁護する義務があります。

　ところで、この「憲法を尊重し擁護する」というフレーズですが、どこかでみた記憶はありませんか。「そんなの知らない」というのでは、住民に対する背信となりますよ。[図表1.3]を見てください。

■ [図表1.3]「横浜市職員の服務の宣誓に関する条例」の別記様式1

宣誓書

　私は、ここに、主権が国民に存することを認める日本国憲法を尊重し、且つ、これを擁護することを固く誓います。
　私は、地方自治の本旨を横浜市において実現していくためには、公務を民主的且つ能率的に運営しなければならないという責務を深く自覚するとともに、国民全体の奉仕者であると同時に、とりわけ、横浜市民の奉仕者であることを認識し、法令、条例、規則及び規程を遵守し、誠実且つ公正に、良心に従つて職務を執行することを固く誓います。
　　年　　月　　日

　　　　　　　　　　　　　　　　　　氏名　　　　　　　　　印

　横浜市条例からお借りしましたが、内容は、どの自治体でもほとんど同じです。サインをして印鑑を押して提出したことを覚えていますね。この儀式をしないと、公務につけないことになっています。「そんなこともあったかな？」という感じでしょうか。「職員は、条例の定めるところにより、服務の宣誓をしなければならない。」と定める地方公務員法31条に基づくものです。憲法を具体化した法律や条例にしっかり従って仕事をするのが、自治体職員の本務なのです。横浜市の場合、「とりわけ、横浜市民の奉仕者であることを認識し」という部分には、市政を市民から信託されている、その信託に応えるぞ、という意識を感じとることができますね。

☆法務ドクターの法律診断①

「できる」の真意

　知事や市町村長を主語にした条文の末尾は、「……ことができる。」となっている場合が多い。するかしないかの判断の余地（裁量）が与えられている。しかし、これは、「するのも勝手、しないのも勝手」という意味ではない。「するべきときにはする、するべきでないときにはしない」という意味である。

　するべきときにしなければ、不作為の法的責任が問われる。例えば、申請に対して許可をすべきときに不許可とすれば、取消訴訟が提起される。裁判所は不許可処分を違法と評価してこれを取り消すとともに、許可をすべしと義務づけてくる。違法な不許可処分によって損害が発生して国家賠償訴訟が提起されれば、裁判所は賠償を命ずる。

　「……ことができる。」という条文を通じ、国会や自治体議会は、知事や市町村長に権限を与えるとともにその適切な行使を義務づけるのである。自由に判断をしてよいという意味ではない。したがって、自治体職員には、法律や条例を正しく理解してこれを使いこなす能力が求められるのである。

3．そもそも「行政」とは誰を指すのか？

★行政とは誰だ？

　これまで、「行政」という言葉を使って説明をしてきました。それでは、「行政」とは一体誰のことでしょうか。それは、大臣や自治体の長（知事・市町村長）のことです。これを行政庁といいます。自治体職員は、大臣や長をサポートする補助機関です。通常、行政庁と補助機関の両方をあわせて、「行政」と認識されています。

　自治体の任務のひとつは、法律の実施です。法律のなかでは、国の事務と自治体の事務の両方が規定されます。

　「動物の愛護及び管理に関する法律」（動物愛護管理法）を例にして確認しましょう（付番・下線筆者）。

○第25条の２　人の生命、身体又は財産に害を加えるおそれがある動物として❶政令で定める動物（……以下「特定動物」という。）は、飼養又は保管をしてはならない。ただし、次条第１項の許可……を受けてその許可に係る飼養又は保管をする場合、診療施設……において獣医師が診療のために特定動物の飼養又は保管をする場合その他の❷環境省令で定める場合は、この限りでない。

○第26条　動物園その他これに類する施設における展示その他の❷環境省令で定める目的で特定動物の飼養又は保管を行おうとする者は、❷環境省令で定めるところにより、特定動物の種類ごとに、特定動物の飼養又は保管のための施設……の所在地を管轄する❸都道府県知事の許可を受けなければならない。

　まず、❸から、許可は都道府県の事務であることが確認できます。これは、義務的な事務であり、「ウチの県はやりません」というわ

けにはいかないのです。❶❷は、それぞれ内閣と環境省が定めます。
国の事務です。政令は規制対象などの重要事項を定め、省令は基準
値や手続などを定めます。法律のなかでは、政令よりも省令が多く
登場するのが通例です。

　もう一度、[図表1.2]（←13頁）で確認しましょう。自治体の長
に授権がされていれば、事業者がアクセスするのは自治体行政であ
るのが原則です。自治体の長に申請はされ（①）、処分がされます
（②）。また、自治体の長が是正の命令を出します（③）。国の大臣
ではありません。国は、政令や省令を制定したり、基本方針や基本
計画を作成したりするなど、自治体行政の活動を後方支援している
のです。法律で自治体の事務が規定される場合、国の役割はこうし
た内容です。[図表1.2]にある「行政」の部分にズームインして詳
細化すれば、[図表1.4]のようになります。

■ [図表1.4]「行政」の拡大図

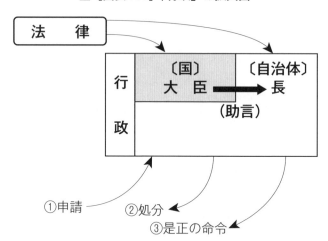

★長と自治体

　動物愛護管理法26条には、「都道府県知事」とありました。この意味を少し考えてみましょう。

　ここまで「事務」という言葉を使ってきました。「仕事」というほどの意味ですが、26条に基づく許可事務は、法律によって、都道府県の事務とされています。法律によっては、市町村の事務を規定するものもあります。また、両方を規定する法律もあります。

　それが自治体の事務である以上、都道府県の場合は知事が、市町村の場合は市町村長が実施を担当します。やや理屈っぽくなりますが、国会が法律を制定することによって作り出した自治体の事務は、いったん自治体に受け止められ、その後で、長に実施が義務づけられるのです。自治体でワンバウンドするという点が重要です。この点は、第4章でもう一度説明します（➡74頁）。

　法律によらなくても、それが自治体の事務であれば、長が実施責任者です。少し変な例ですが、市会議員がセクハラを起こして被害者が損害賠償訴訟を提起したとしましょう。議員は議会に属しているから、市議会の議長が代表して対応するのかといえばそうではありません。被告は市となり、市長が代表して訴訟を進めるのです。

★職員をまもる法律・条例

　もうひとつ、行政職員にとっての法律や条例の意味について、別の角度からコメントしておきましょう。それは、「法律や条例は職員をまもってくれる」ということです。

　法律や条例の実施にあたっては、いろいろな働きかけがされるものです。職員を励ましてくれるのならばいいのですが、場合によっては、自分の支援者に有利な運用にするために議員からの圧力がかかります。有力議員であれば、人事異動や議会質問で意地悪をされかねないため、部長や課長はそうした要求にとても敏感になります。

　それが法律や条例を通じて議会が実施を求めた内容を超えているのであれば、そうした圧力はまさに違法行政を強いているのですから、それ自体が違法です。どこまでが可能でどこからが無理なのか。法律や条例の内容を知っていれば、はっきりと対応できます。職員は、自己防衛のためにも、ひいては、自分の家族をまもるためにも、法律や条例の内容を知っておく必要があります。

本章のまとめ

　第1章が終わりました。いかがでしたか。「行政とは何者だ?」という問いに対する答えをイメージすることができたでしょうか。
　行政は、住民を幸せにするために、議会が決定した法律や条例を、その専門性を踏まえて責任を持って実施する役割を担っています。例えていえば、議会が敷いたレールのうえを走る列車のようなものです。スムーズな運転をすることにより、乗客である住民は幸せになる。住民は、単にシートに座っているだけではなく、乗員である行政職員を励ましたり手伝ったりする。脱線しないように、叱ったりチェックしたりする。ときには、一緒に作業をしたり、走るスピードを一緒に決めたりする。そのように考えると、行政は、ずいぶんと重要な存在ですね。住民の幸せの実現という使命を背負い、将来を見据えてマスコン（鉄道車両の運転装置）を握っているのです。皆さんは「行政のプロ」です。一瞬たりとも気を抜けません。責任重大です。
　以下では、このようなイメージを念頭において、お話を進めていきます。

☆法務ドクターの法律診断②

「首長」とは誰だ!?

　世の中便利になったもの。かつてなら、分厚い六法全書や例規集をよっこらしょと抱え、フーフーいいながら頁をめくっていたが、今では、総務省法令データ提供システム（https://elaws.e-gov.go.jp）のおかげで、法令検索の時間が何百倍も短縮された。

　ところで、「首長」とは誰だろうか。都道府県知事や市町村長のことだと思っていないだろうか。上記サイトの検索用語に「首長」と入れ、「法令名」ではなく「全文」を選択して検索してみよう。

　ビックリかもしれない。そう、「首長」とは、内閣総理大臣のことである。憲法66条1項や内閣法2条1項などが明確に規定する。

　「首」には、ひとつ抜き出ているというニュアンスがある。多くいる大臣のなかで優越的地位にある大臣である。実際、いろんな大臣を任命するのは、内閣総理大臣（首相）である。これに対して、自治体の長は、並ぶべき者がいないため、たんに「長」でいいのである。

　いつごろからこうした誤った呼称が社会に蔓延しはじめたのか、なぜそうした呼称となったのか。調べているが、理由は確認できていない。広辞苑を調べると、首長について、これを自治体の長とする説明は、初版（1955年）では登場せず、第2版（1969年）で登場する。

第2章
憲法のもとでの国と自治体

〔本章で伝えたいこと〕

　国家は、国と自治体の両者から構成されている。「国家＝国」ではない。憲法のもとで、国と自治体は、それぞれの役割を踏まえ、適切な対等的協働関係のもとに、国民の基本的人権を保障・実現する責務を負っている。

　2000年の分権改革は、長い間続いていた国と自治体の「上下・主従関係」を、「対等・協力関係」へと変えた。明治維新、戦後改革に次ぐ「第3の改革」と評されるほどの大きなパラダイム転換がなされたのである。しかし、自治体の活動を規定する法令の構造・内容には変更がなかったため、分権改革の意義が、国や自治体の職員に十分認識されていない。

　自治体職員は、法律に規定される自治体の事務を、地域に適合するように運用する責務を負っている。法律に基づく事務は、自治体の事務、すなわち「自分の事務」であることを踏まえて、住民福祉を向上させるような法解釈をして、法律を実施する必要がある。

1. 国家、国、自治体とは？

★国・県・市町村の関係

　第1章では、生存権や財産権といった基本的人権の観点から、行政の役割を整理しました。「基本的人権の具体的内容の決定は議会、個別的場面での実施は行政」でした。本章では、憲法のもとでの国と自治体の関係について説明します。

　「国、県、市町村のイメージをホワイトボードに描いてください」。職員研修のなかで、受講生をひとり指名して、こういうお願いをすることがあります。あなたならどう描きますか。ペンを持ってしばらく考えた後に描かれる図の圧倒的多数は、［図表2.1］のようなものです。串団子モデルです。

　■［図表2.1］自治体職員の「国・県・市町村」関係イメージ

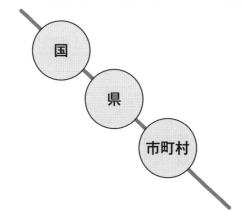

　一言でいえば、上下関係です。そこで、なぜこのように考えるのかと聞くと、さまざまな答えが返ってきます。法律が制定・施行さ

れると、省庁の幹部職名で「○×法の施行について」という通知が
出される、法律所管省庁から詳細なガイドラインが示される、補助
金を申請するからどうしても頭を下げる感じになる、市町村に関す
るいろいろなことを県が取りまとめて国に出す、国や県の若い職員
が部長や課長といった管理職ポストに出向してくる……。なるほど、
そうしたことがあれば、確かに国や県との関係を上下と認識するの
は無理もありません。

★国家＝国＋自治体

　ところで、「国家＝国ではない」という表現をすると、怪訝な顔
をする受講生もいます。確かに、国家公務員といいます。中央政府
の職員ですね。国家行政組織法という法律には、国のことしか規
定されていません。こうした名称も、「国家（nation）＝国（state）」
という認識を私たちに刷り込んでいるのかもしれません。

　しかし、それは、正しい認識ではありません。［図表2.2］を見て
ください。憲法のもとでは、「国家＝国＋自治体」なのです。国には、

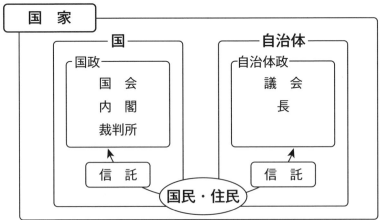

■ ［図表2.2］国家のなかにおける国と自治体

国会・内閣・裁判所があり、これが「国政」の内容です。主権者たる国民の信託を受けて、国政が展開されます。一方、自治体には、長と議会があり、それが「自治体政」（都道府県政、市町村政）の内容です。主権者たる住民の信託を受けて、自治体政が展開されます。

★憲法前文探訪

　憲法前文の第1パラグラフには、「そもそも国政は、国民の厳粛な信託による」というフレーズがあります。この文章を考えてみましょう。

　ここでいう「国政」は、「国のこと」だけを指しているのではありません。内容としては、広義の「国政」と把握できます。そして、それには、①狭義の国政、②自治体政が含まれます。一方、「国民」については、ちょっと複雑です。主権者である国民は、地方自治という制度の創設を、憲法を通じて決定しました。そして、その具体的実現が、地方自治の本旨にもとづいて実施されることを求めています。国民は、それを狭義の国政に対して信託するとともに、自分が住民となっている自治体の自治体政に対しても信託しているのです。「国民」は広義の概念であり、そこには、❶国の人民としての国民（狭義の国民）、❷自治体の人民としての国民（住民）が含まれます。以上をまとめると、［図表2.3］のようです。

■ ［図表2.3］国政・国民と自治体政・住民

国政（広義）{ ①国政（狭義）　②自治体政

国民（広義）{ ❶国民（狭義）　❷住民

☆法務ドクターの法律診断③

法律用語としての「国家」

　先にも見た法令データベースの用語検索で「国家」を検索すると、多くの法律がヒットする。使われ方を個別に確認すると、そのほとんどが、国家行政組織法、国家公安委員会、国家公務員法といった法律名や組織名である。

　異なった使われ方がされている場合でも、出てくる場所は、抽象性の高い規定ぶりのなかである。例えば、憲法には2か所出てくるが、いずれも前文である。本文において、憲法の英語版では「nation」と記されているところでも、日本語版では、多くの場合、「国」である（例：9条、54条2項、98条1項）。慎重に使用を回避している。そのほかには、宇宙基本法2条「国家活動」、教育基本法1条「民主的な国家」、拉致被害者支援法1条「国家的犯罪行為」といった例があるが、目的規定や基本理念といった場所での使用である。使用例のすべてを確認したわけではないが、「国家」に対して責務を負わせるというような規定ぶりは見当たらない。

　国会は国の機関にすぎないから、国家の責務について規定する資格がないということだろうか。しかし、「国権の最高機関」（憲法41条）である。どうもうまく整理ができないでいる。

2. 役割分担を踏まえた協働とは？

★国と自治体で実現する基本的人権の保障

　国と自治体は、それぞれの役割を踏まえ、協力しあって、憲法第3章で保障されている国民・住民の権利・利益を実現します。イメージを図示すれば、次頁の［図表2.4］のようになります。国と自治体は、上下ではなく並列の関係になっていますね。この法的意義は、後に説明する分権改革によって、明確にされました。「適切な役割分担関係」です。

　実現に当たっての国と自治体の役割の割合は、事案によって異なります。例えば、現行法のもとでは、司法制度においては、自治体の出る幕はありません。「100対0」です。裁判所法には、自治体は登場しないのです（もっとも、裁判官は国会議員や自治体議会議員になれないという規定はありますが（52条1号）、これは、役割の話ではありません）。一方、歩行喫煙の禁止においては、もっぱら市町村が出てきます。こちらは、「0対100」です。歩行喫煙を規制する法律はありませんが、一定区域内でこれを禁止して、違反に対して過料を科す歩行喫煙禁止条例は多く制定されています。

　法律のなかで「市町村」「市町村長」「都道府県」「都道府県知事」という言葉が用いられていれば、国会は、自治体に一定の役割を期待しているのです。国は前面には出ないとしても、基本方針や基本計画の作成、政省令の制定などを通して、自治体の事務を後方支援しています（←18頁）。なお、並行権限といって、緊急時に、自治体に義務づけている事務を国も実施できるようにしていることもあります。例えば、「廃棄物の処理及び清掃に関する法律」（廃棄物処理法）24条の3は、生活環境保全上特に必要があると環境大臣が認

める場合には、通常は都道府県知事が行う立入検査を自ら行えるようになっています。また、同法21条の4のように、環境大臣が都道府県知事に対して、事務を行うよう指示することもあります。国家のなかにおいて、国と自治体は、役割分担を踏まえた協力をして、国民・住民の基本的人権の実現をしようとしているのです。

■［図表2.4］基本的人権を実現する国と自治体

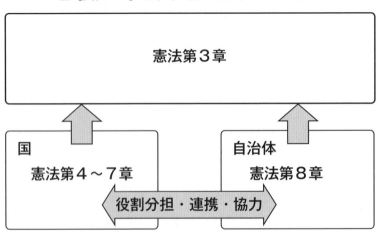

こうした整理を前提にすれば、「国家」公務員法や「国家」行政組織法という名称は、ずいぶんと誇大表示です。それぞれ、「国」公務員法ないし「国」行政組織法で十分なのです。一方、国家賠償法のように、「国又は公共団体の公権力の行使に当る公務員」（1条1項）として、国および自治体の関係を適切に表記する用語法をとっている法律もあります。

★地方自治の本旨

採用試験の際に法律科目があれば、その準備のために、「憲法に規定される地方自治の本旨は、団体自治と住民自治から構成される」

というフレーズを記憶したかもしれません。もちろん、高校の現代社会の教科書にも記述されています。後で見るように、「地方自治の本旨」とは、憲法92条に規定されている文言です。当時は、何が何だかわからずにとにかく頭に詰め込んだかもしれないこのフレーズについて、ちょっと考えてみましょう。

とりあえず、それぞれの定義を、教科書で確認します。

地方自治は、住民自治と団体自治の2つの原理からなっている。住民自治とは、地域の政治を住民自身がおこなうことである。団体自治とは、地方公共団体が国とは別の団体として、地域の政治を自主的におこなうことである。日本国憲法は、これを「地方自治の本旨」（第92条）として保障している。

［出典］淡路剛久ほか『最新現代社会〔新訂版〕』（実教出版、2019年）102頁

これはいずれも理念的な表現であり、現実にはそれを100％実現するような仕組みはありません。ここでは、「地域のことがらの決定は住民の意思にもとづくこと」と「地域のことがらの決定に関して国の統制を受けないこと」を確認しておきましょう。

★本旨に即した制度設計

アメリカ合衆国では、建国時に13州が集まって、権限を連邦に限定的に移譲しました。あくまで州が主体でしたので、連邦議会は、州に関する規律をすることが原則としてできません。この状態は、現在まで続いています。

一方、日本国では、明治政府の成立の際に、外国との関係で「国」の存在が強調され、中央政府が地域の隅々にまで統治を及ぼすという体制がとられました。戦後改革においてもこの状況は変わらず、現在に至っています。国会は、国に関する事項のみならず自治体に関する事項についても決定権限を持つのです。

　しかし、憲法41条が規定する国会の立法権も無限定ではありません。前述のように、憲法92条は、「地方公共団体の組織及び運営に関する事項は、地方自治の本旨に基いて、法律でこれを定める。」と規定しています。憲法98条は、「この憲法は、国の最高法規であつて、その条規に反する法律、命令、詔勅及び国務に関するその他の行為の全部又は一部は、その効力を有しない。」と規定しますから、地方自治の本旨に基づかない法律は、違憲無効ということになります。また、前章でも出てきましたが、憲法99条は、「天皇又は摂政及び国務大臣、国会議員、裁判官その他の公務員は、この憲法を尊重し擁護する義務を負ふ。」と規定していますから、立法に当たる国会は、憲法92条を尊重して法律を制定しなければなりません。憲法は、国民にではなく公務員にその遵守義務を課しているのです。

★保障されるべき状態

　それでは、自治体の事務について規定する法制度において住民自治と団体自治が保障されるというのは、どういう意味なのでしょうか。「国の統制を受けない」といっても、法律は国会が制定するものですから、自治体は、国の規律から完全に外れることはありえません。「住民の意思にもとづく」といっても、常に住民の意見を聴取してその意向に沿う対応をするわけにもいきません。

　この点については、次のように整理できるのではないでしょうか。国会は、法律を制定し、そこで自治体の事務を規定してその実施を義務づけるとしても、住民の意思が反映されるような仕組みを設けなければなりません。その前提には、地域において自治を行う主体である自治体を尊重することがあります。日本国憲法の基本原理は、国民主権、平和主義、基本的人権の尊重だといわれます。自治体の立場からは、「地方自治の尊重」も基本原理に含めておきましょう。三大原理ではなく、四大原理と考えるべきです。

☆法務ドクターの法律診断④

どちらが最初？

　住民自治と団体自治は、憲法92条が規定する「地方自治の本旨」の内容として紹介される場合が多い。両者は並列的に記述されているが、理論的にはどちらが先なのだろうか。研究者も十分な注意を払っているようには見えないが、ある憲法コンメンタールは、次のように整理する。

　「〔憲法92条の〕「地方自治」というのは、もっぱら後（筆者註：住民自治）の意味である。それは、ある地域における公共事務は、その地域の住民の意思にもとづいてなされるべきものであるとする原理をいう。しかし、その原理、すなわち、いわゆる住民自治を実現するためには、その地域における公共事務が、国から独立した統治団体の事務とされることが適当である。この意味において、いわゆる団体自治も地方自治の実現の手段として要請される。」宮澤俊義＋芦部信喜（補訂）『日本国憲法〔全訂〕』（日本評論社、1978年）759頁

　住民の意思にもとづいて地域の事務が行われることが、住民自治とされる。憲法は、自治体に権限を与える法律の実施にあたって、このような状態を求めているのである。

3. 分権改革とは？

★「地方分権」が語られるワケ

憲法の公布は1946年（11月3日）、施行は1947年（5月3日）です（➡44頁）。もう75年以上も前になります。この国において、憲法92条に規定される「地方自治の本旨」は、はたして実現しているのでしょうか。

どのような状態をもって「実現した」とみるかはむずかしいですね。ただ、前世紀の終わりから現在に至るまで、「地方分権の推進が必要」とされているのは、それが不十分と評価されているからでしょう。内閣府には、地方分権改革推進本部が設置されています。そこで、地方分権について考えてみましょう。

★分権を知らない職員たち

職員研修の場で、「地方分権とは何のことですか？」と質問すると、意外なことに、的確な答えが返ってきません。入庁したのが分権改革後だったので、とくに意識をしないからでしょう。もしかしたら、そうした歴史的な事実は教えられないのかもしれません。

「2000年の分権改革」という表現がされます。なぜ2000年なのかというと、1999年7月に制定された「地方分権の推進を図るための関係法律の整備等に関する法律」の施行が、基本的に、2000年4月1日だったからです。この法律は、地方分権一括法と呼ばれます。これによって、475本の法律（勅令も少しあります）を一挙に改正または廃止しました。法律は、「○○法の一部を改正する法律」の制定によりなされますが、そうした法律475本を束ねたために、「一括法」というのです。素麺の束のようなイメージです。

★機関委任事務

それでは、地方分権一括法は、個別法の何を改正したのでしょうか。内容は多様ですが、ここではざっくりと、「機関委任事務を全廃して、それを法定受託事務と自治事務に振り分ける改正をした」と理解しておきましょう。

機関委任事務とは何でしょうか。なぜ廃止されなければならなかったのでしょうか。ある研修の場でその説明をしたら、「もう存在しないものについて時間をとるのはおかしい。」という批判的なコメントをもらったことがあります。現在においても正しい理解が必要なのですが、その意義を受講者にうまく伝えられなかった自分を反省しました。以下では、廃止の理由を説明します。

★地方自治法旧150条

2000年3月31日まで、地方自治法の第150条は、以下のような条文でした（付番・下線筆者）。地方分権一括法は、地方自治法の一部改正もしたのですが、そのなかで、この条文が削除されたのです。なお、現在の150条は、地方自治法の2017年改正により新設された内部統制制度を規定します。

■地方自治法旧150条

　❶普通地方公共団体の長が国の機関として処理する行政事務については、普通地方公共団体の長は、都道府県にあつては主務大臣、市町村にあつては都道府県知事及び主務大臣の❷指揮監督を受ける。

下線部❶にある「国の機関」というのは、国の事務権限の担い手という意味です。その権限行使が自治体の長に命じられ、その際には、下線部❷にあるように、大臣等の指揮監督を受けます。大臣を例にすれば、法務大臣と法務局長のような関係です。指揮監督関係というのは、懲戒権はないものの、上下関係です。

　法務大臣と法務局長ならば、どちらも国家公務員です。法務局長の人事権は法務大臣にありますから、上下関係といわれても、「なるほどそうだな。」と納得できます。例えば、登記に関する事務（国の事務です）を規定するのは、不動産登記法です。この法律は、国会が制定したものですが、そこには国の事務しか規定されていません。中央政府が直接担当して実施する事務といえます。直営方式の国事務完結型法律です。私の自宅から一番近い法務局は、江戸川法務局です。東京都江戸川区内にありますが、そこで勤務しているのは、東京都職員でも江戸川区職員でもなく法務省職員です。

★自治体の長を強制連行？

　機関委任事務については、どうでしょうか。この事務は国の事務ですから、その責任者は大臣です。そして、現場においてその実施を義務づけられるのが、自治体の長でした。大臣に人事権があるわけはないですが、外形上、長は、大臣の部下である法務局長のような地位にあります。補助機関である自治体職員は、国の事務を担当していました。

　機関委任事務における大臣と自治体の長の関係はどうなっているのでしょうか。憲法93条2項は、自治体の長は住民の公選によると規定します。まさに、住民の代表です。ところが、地方自治法旧150条は、そうした長を「国の機関」として一方的に指名して「国の行政事務」をさせるのです。まさに、長を拉致して国の世界に強制連行したようなものです。憲法施行後、長らくの間、下線部①のような機関委任事務が拡大再生産され、自治体職員が担当する事務の多くを占めていました。

★特定盛土規制法を例にして

　「宅地造成及び特定盛土等規制法」（特定盛土規制法）を例にして

考えてみましょう。もともと宅地造成等規制法として1961年に制定
されましたが、2021年7月3日に発生した熱海市土石流事件を踏ま
えて、2022年に大改正されています。目的は、「宅地造成、特定盛
土等又は土石の堆積に伴う崖崩れ又は土砂の流出による災害の防止
のために必要な規制を行うことにより、国民の生命及び財産の保護
を図り、もつて公共の福祉に寄与すること」です（1条）。

　不動産登記法とは異なり、特定盛土等規制法のもとでの権限は、
都道府県知事に与えられています。かつて、宅地造成等規制法の時
代、長らく知事の地位は、建設大臣（当時）という上級行政庁の指
揮監督を受ける下級行政庁としての「国の機関」でした。上下関係
ですから、仕事の内容についてあれこれ指示をする通達が出されま
す。この通達は、国という内部関係においては法的拘束力がありま
した。

★法解釈の責任者

　機関委任事務のもとでは、行政における法解釈の責任は、中央政
府にありました。何といっても「国の事務」なのですから当然です。
次頁の［図表2.5］を見てください。自治体の長は「中央政府の省庁」
のなかにあり、トップには大臣がいます。法律は中央政府に仕事を
命じますが、それが何を意味するのかは、大臣が解釈します。自治
体の長は、法律実施に当たって何か不明なところがあれば、とにか
く大臣にお伺いをたてなければなりませんでした。

　そのやりとりを集めたものが、「行政実例」です。皆さんの職場
には、加除式の行政実例集があるでしょう。平成12年の分権改革以
前の実例も少なくありません。昭和時代のものもあるはずです。頁
をめくってみると、自治体行政からの照会に対して、「お見込みの
通り。」などとわずか一行で回答をしている例もあります。

■ [図表2.5] 機関委任事務制度のもとでの大臣と自治体の長

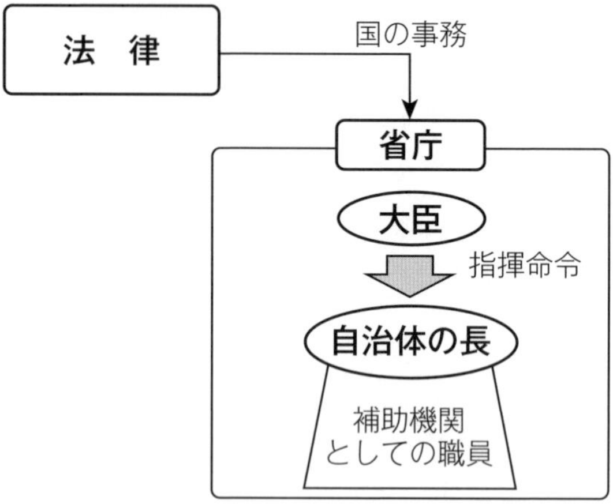

★お仕事の相手方

　機関委任事務は、国の事務です。法律を所管する大臣は、それを日本のどこにおいても同じように実施しなければなりません。憲法14条の規定する平等原則の要請ですね。

　そこで、中央政府は、法律の下位法令である政省令で詳細な規定をし、また、通達においても詳細な規定をして、そうした状態を実現しようとしました。平成の大合併以前には3,000以上あった自治体の現場において、平等な実施を確保するのですから、当然といえば当然の対応です。こうした状況について、「箸の上げ下ろしまで命令される」というような表現がされることがありました。自治体からみれば、確かにそのように感じられたのでしょう。機関委任事務制度のもとでは、自治体職員が対応する相手は、「当該自治体の住民」というよりは、「たまたまその自治体に居住している日本国民」だったのです。国の事務を行うのですから、このように整理できますね。

★機関委任事務を規定する法律の特徴

　機関委任事務を規定する法律の特徴を確認しておきましょう。第1は、全国画一性です。国の事務ですので、地域によって違いがあっては困ります。第2は、規定詳細性です。規定がされるのは、法律、政省令、告示、通達などですが、いずれも国（国会、内閣、各省庁）が決定します。第3の特徴として、決定独占性をあげておきましょう。自治体が入り込む余地はありません。まるで「三密状態」です。

★「地方自治の本旨」に照らしてみれば

　機関委任事務は、憲法92条の「地方自治の本旨」に照らしてみると、どのように評価されるのでしょうか。先に、住民自治と団体自治という概念を確認しました（◀30頁）。

　住民自治とは、自治体の運営が住民の意思にもとづいて行われることです。ところが、機関委任事務は、長や職員が行っているにもかかわらず、国の事務です。その対象は、その自治体に居住している日本国民です。

　例えば、機関委任事務に関する法令の規定が地域の実情に必ずしも適合しない場合、住民としては、「市役所がやっているのだから市にあうように修正してくれ。」といいたいところです。議会からもそうした声が出るでしょう。しかし、国の事務ですから、条例制定をするわけにはいきません。事項的対象外です。このため、住民の意思に基づいた行政ができないのです。「霞ヶ関の省庁にお願いしてください。」「地元選出の国会議員に陳情してください。」というほかありません。

　機関委任事務の実施に当たって、省の局長・部長・課長などから出される通達に対して、自治体の長は大臣との関係で下級行政機関ですから従うしかありません。国から独立して自治体が存在するのが団体自治ですが、とてもそうした状況にはありませんでした。

　憲法が施行された終戦直後の経済状況や社会状況を考えれば、都道府県や市町村を手足のように使ってとにかく国力を回復する必要がありました。国民の生活を保障するためには、中央政府の決定を全国に一律的に適用する必要性が認められる場面が多かったと思います。それは、国がそう考えたというよりも、国家的に見てそれが妥当だったということです。

　しかし、いつまでもそうであってよいというわけではありません。戦後すぐの状況は、いわば例外的・暫定的なものです。いつから原則に戻すべきであったのかというのはいいにくいですが、私は、1980年ごろではなかったかと考えています。その整理を前提にすれば、機関委任事務を規定していた法律やそのもとでの行政実施は、憲法違反の疑いがあったと考えられます。

★第1次分権改革の意義と成果

　それでは、分権改革のなかで、機関委任事務はどうなったのでしょうか。次の記述を見てください。

> 　「第一次分権改革の最も中心的な成果といえば、機関委任事務制度の全面廃止ということになろう。」
> 〔出典〕西尾勝『自治・分権再考』（ぎょうせい、2013年）70頁
>
> 　「機関委任事務制度の全面廃止の成果は、条例制定の余地の拡大による自治立法権の拡大と、権力的な事前関与の廃止・縮減と通達通知の「技術的助言」化による法令等の自治解釈権の拡大であった。」
> 〔出典〕西尾勝『地方分権改革』（東京大学出版会、2007年）221頁

　そうです、整理合理化でも原則廃止でもなく全面廃止です。機関委任事務が全廃されて、自治体の自治立法権と自治解釈権が拡大された。地方分権推進委員会のメンバーとして分権改革推進のまさにエンジンとして大活躍された西尾勝・東京大学名誉教授（1938 ～ 2022年）

は、このように整理しています。2000年分権改革の内容を一言で表現すれば、「機関委任事務を全廃して自治体の事務としたこと」です。

★法律のもとでの現在の法関係

　廃止されたとなると、それを規定していた法律はどうなったのだろうか。ちょっと心配になりますね。

　確かに一部改正はされたのですが、基本的に、その構造や内容は、全国画一性・規定詳細性・決定独占性という三密状態の特徴を維持したままに、現在も残っています。機関委任事務制度は、2000年3月31日まで存在していましたが、翌日の4月1日に法律とともにその事務の内容が消えてなくなってしまえば、社会は大混乱です。

　自治体職員の研修の場で、2000年4月1日を経験したことのある中堅以上の受講生に対して、「その日に何か変わりましたか？」と質問すると、一様に「別に何も。」という答えが返ってきます。実務においては、ほとんど何も変わらなかったのでした。行政は法律に基づいて仕事をしていますから、その法律が変わらない以上、何も変わらないというのは当たり前といえば当たり前です。

　しかし、長が大臣の下級行政機関として位置づけられ、「上下・主従」となっていた関係が、「対等・協力」となった意義は大きいといわなければなりません。分権時代の自治体職員は、この点を深く認識する必要があります。

★「第三の改革」？

　ところで、地方分権改革は、「第三の改革」と称されることがあります。例えば、次の文章を見てください。

　　「この変革はわが国の政治・行政の基本構造をその大元から変革しようとするものであり、その波及効果は深く、広い。それは明治維新・

戦後改革に次ぐ「第三の改革」というべきものの一環であって、数多くの関係法令の改正を要する世紀転換期の大事業である。したがって、それは一朝一夕に成し得る性格のものではない。相互に複雑に絡み合っている諸制度の縫い目を一つ一つ慎重に解きほぐし、システムの変革に伴いがちな摩擦と苦痛の発生を最小限度に抑えながら、諸制度を新たなデザインに基づいて順序よく縫い直して、その装いを新たにしていくべき事業である。」

〔出典〕地方分権推進委員会『中間報告：分権型社会の創造』(1996年3月29日)

　明治維新と戦後改革に比肩すべき改革というのですから、行政、税制、財政の面において、そのインパクトには想像を絶するものがあるはずです。現在も改革は進行していますが、自治体からみれば、「まだまだ」という評価が多いようです。

　この改革は、大きなパラダイム転換をしたものであり、その潜在的インパクトはきわめて大きいことを確認しておきましょう。現在はそれが十分に実現されていないのですが、それでよしとするのではなく、あるべき状態を絶えず議論し、それに向けての歩みを続けることが、憲法のもとで求められているのです。

★何ができて何ができないか？

　機関委任事務制度が全廃された結果、現在、自治体には、国の事務は皆無となりました。法律に根拠を有するものであっても、自治体に実施が求められているかぎり、それは自治体の事務なのです。

　2023年5月に施行された特定盛土規制法についていえば、都道府県・政令指定都市・中核市の事務です。相当に土木技術的専門性が高い法律ですから、国土交通省も詳細なガイドラインを作成してサポートをしています。それをうまく使いつつも、あくまで「自分たちの事務」であることを踏まえ、地域に適合するように実施しなければなりません。

　自治体の事務だから自治体が何でもできそうだ。そのように思いますか。しかし、地方自治法2条16項にあるように、「地方公共団体は、法令に違反してその事務を処理してはならない。」のです。法治主義（憲法適合的法律にもとづき行政がされること）の当然の帰結です。また、後の章で詳しく説明しますが（➡76頁、96頁）、自治体は自分の事務に関して条例を制定できます。しかし、それは、憲法94条にあるように、「法律の範囲内」でなければなりません。越えることができない一線はどこにあるのか。これは、分権時代の法解釈における大問題なのです。

本章のまとめ

　第2章では、憲法のもとで国と自治体がどのように位置づけられているのかを説明しました。かつては、機関委任事務制度のもとで、国の大臣と自治体の長が「上下・主従」の関係に固定化されていたのですが、2000年の分権改革は、同制度の全廃により、これを「対等・協力」の関係に改めました。まさに、[図表2.2]（◀26頁）で示されたような本来の状態になったのです。国の事務であるために中央政府が独占していたといえる法解釈作業は、それが自治体の事務となったことにより、自治体に開放されました。[図表2.4]（◀30頁）で示されているように、国と自治体は、適切な役割分担を踏まえて、国民・住民・福祉向上のために活動するのです。

　もっとも、自治体が法律のもとで仕事をする以上、何でも自由にできるわけではありません。何ができて何ができないのか。自治体としては、分権改革の成果を最大限に生かし、住民福祉の向上のために、自治的な法解釈を踏まえて仕事をしなければなりません。

☆法務ドクターの法律診断⑤

憲法公布日をいつにするか？

　本章では、憲法に多く言及した。「日本国憲法」が正式名称のこの法典、公布は1946年11月3日。現在は、文化の日である。施行は1947年5月3日。憲法記念日である。

　ところで、公布日をいつにするかについては、帝国議会で憲法改正案が通過したときから、議論があった。佐藤達夫（佐藤功・補訂）『日本国憲法成立史第四巻』（有斐閣、1994年）1016〜1019頁は、興味深いエピソードを伝える。

　それによれば、11月初旬という合意はあった。施行まで半年の猶予期間を設けることを前提に調整がされた。1日案もあったが、それでは施行日が5月1日のメーデーとなり「実際上おもしろくない」（なぜそうかは不明）。5日案だと5月5日になるが、男子の節句であり平等原則に反する。また、端午の節句は武の祭りの意味であるから戦争放棄との関係でもまずい。そこで、なかをとって3日案が採用された。しかし、11月3日は、実は明治天皇の誕生日。かつては「天長節」と呼ばれ、元首たる天皇を祝賀していた日である。このため政府は、びくびくしながらGHQに相談したところ、特に問題視されずに決まったらしい。なお、11月3日を憲法記念日として祝日にする案は、GHQが拒否したようである。

第3章
行政権限行使のお作法

〔本章で伝えたいこと〕

　個別の法律は、憲法が保障した基本的人権の具体的内容を確定する。行政は、確定された権利の行使を国民・事業者が行おうとするときに、その内容を個別的に確認する。行政手続法・行政手続条例は、行政が権限を行使するに当たって従うべきルールを規定している。具体的には、許可申請と許可（不許可）処分、違法行為に対する不利益処分、行政指導である。行政指導の中止等の求めや処分等の求めのように、的確な権限行使のための措置も規定している。政省令の制度にあたってなされるパブリックコメントの根拠もこの法律にある。

　これらのルールは、行政運営における公正の確保と透明性の向上を目的に設けられた。行政は、そうしたことは実現されているはずだと考えていただろう。しかし、そのような自己認識とは異なって、現実には、国民・事業者の権利の実現に十分に配慮しない行政運営が少なからずあった。行政手続法および行政手続条例は、行政の権限行使のお作法を規定するルールである。

1. 70に制約された権利の意味とは？

★100を70に、そして、70を100%に

　第1章で、行政の役割について説明しました。いささか観念的でしたが、憲法29条が規定する財産権を例にしました（←7頁）。1項は「財産権は、これを侵してはならない。」としますが、2項が、「公共の福祉」の観点から法律による制約を予定しているため、「100が70に抑え込まれる」といいました。そして、行政の役割について、国民に保障された70を100%実現してあげることだと整理しました。憲法25条が保障する生存権についても、同じような整理をしました（←9頁）。

★保障された70と保障されないそれ以上

　法律が認めた70は、憲法のもとで、行政に実現が求められているものです。国民の側からみれば、70までは自分の権利です。一方、それを超えて実現を求めることはできませんし、仮に70を超えて権利を行使していれば、行政は、それを70に戻さなければなりません。

★行政の責任

　国民の権利が具体的に実現される場面に登場する行政の役割は、たいへん大きいといえます。少し大げさですが、生殺与奪の力があるといってもいいでしょう。そうであるがゆえに、行政は、憲法のもとで、自分の役割を十分に認識して行動することが求められています。第1章で、憲法99条の条文を確認しました（←14頁）。公務員は、「この憲法を尊重し擁護する義務を負ふ。」とありました。職員は、重大な責任を背負って仕事をしているのです。

47

2. 自治体行政と行政手続法・行政手続条例の関係は？

★行政手続法の目的

　自分の権利を100％実現したい国民・事業者にとっては、行政職員がきちんと対応してくれるかが重要です。職員にとっては、「そんなこと当たり前じゃないか。私たちはいつだってきちんと対応しているよ。」ということかもしれません。そうであるならば、特別の規律は必要がないといえます。

　ところが、行政手続法という法律が、1993年に制定されました。同法を踏まえて、自治体の行政手続条例も、次々と制定されました。職員はそのように自信があるのに、なぜ行政手続に関する法的対応がされたのでしょうか。「余計なお世話」ではないのでしょうか。

　まず、現在の行政手続法の目的を確認しましょう（下線筆者）。

> ■行政手続法１条１項　この法律は、処分、行政指導及び届出に関する手続並びに命令等を定める手続に関し、共通する事項を定めることによって、行政運営における<u>公正の確保と透明性</u>（行政上の意思決定について、その内容及び過程が国民にとって明らかであることをいう。……）<u>の向上</u>を図り、もって国民の権利利益の保護に資することを目的とする。

★公正性と透明性

　下線部にあるように、「公正の確保」「透明性の向上」を実現するのが、行政手続法の目的です。法律というものは、往々にして後追いです。社会にとって「これは問題」というような状況が認識され、政治がそれに応答して制定されます。

行政手続法もその例外ではありません。職員にとっては、「私たちは公正にやっている。」「行政の透明性は高いはずだ。」と思っていることでも、それが行政の外部から見たときにどう映るのかが重要なのです。例えば、行政は内部的ルールに従って仕事をしているとしても、そのルールが外部に出されていなければどうでしょうか。公正さや透明さが疑われます。

★行政活動に関して観察されていたこと

それでは、行政の活動の何が問題だったのでしょうか。法律制定当時の文献を、ちょっと見てみましょう。

> 　届出や許可申請が直ちになぜ受け付けられないのか、届出人や申請者が知りたいのは当然である。審査基準や処分基準を知りたいのもまた当然である。市民の権利に重大な影響を与える営業停止や取消しなどのようなケースの場合は、その基準や理由をなおさら知りたいところであろう。行政は、このようなケースの場合は、前もってその基準を定め公表する義務があるし、国民はそれを知る権利があるとさえ考えられる。
>
> 　しかし、これまでのわが国の行政は、このような点に十分配慮してきたとはいいがたい。審査基準や処分基準を法律が詳細に定めている場合はともかく、そうでない場合でも行政がそれを一方的に定めて運用してきているのである。それでは、「知らしむべからず、よらしむべし」風の行政だと批判されてもやむをえない。
>
> ［出典］佐藤英善（編著）『自治体行政実務 行政手続法』（三省堂、1994年）174～175頁

★行政に枠をはめる

国民・事業者が権利の実現を求めて行政にアプローチする。行き過ぎた権利行使を是正すべく行政が国民・事業者にアプローチする。こうした行政手続の場面において、行政がすべきことを行政自身が決めるのではなく、法律で決める。それが、行政手続法です。行政

に枠をはめる法律といってもいいでしょう。

★自治体行政と行政手続法の関係

　行政手続法は、自治体行政に対しても適用されます。例えば、ラーメン店を開業したいと考える人が食品衛生法に基づき県知事に申請をした場合、知事が同法に基づいて権限を行使するような場面です。長は、許可をしたり、届出を受けたり、改善命令を発したりしますが、これらの根拠は個別法に規定されています。その限りにおいて、自治体の活動であっても、行政手続法が規律を及ぼします。

　一方、行政指導に関しては、法律の実施に伴う場合であっても、対象外となっています。さらに、自治体独自の条例（独立条例）に規定される許可、届出、改善命令などは、自治体独自の世界ですから、行政手続法の適用除外とされています（3条3項）。

★行政手続条例制定は自治体の立法裁量

　それらに関する行政手続のルールをどのようにするかは、自治体の立法裁量に委ねられます。とはいえ、国も、行政手続法と同様のルールを自治体においても実現したいと思っているため、行政手続条例を制定する努力義務を規定しています（46条）。実際には、総務省の強い勧めがあって、都道府県・市区町村のほとんどすべてが、行政手続条例を制定しています。2023年12月現在、未制定なのは加茂市(新潟県)だけだと思います(ただし、2024年度制定に向けて検討中)。

★いつまでもつきまとう行政手続法制

　行政手続法と行政手続条例とでは、適用される場面が異なります。しかし、規定されている内容には違いがありませんので、以下では、行政手続法を説明します。主要な規定内容は、申請に対する処分、不利益処分、行政指導、処分等の求めです。

　公務員は、数年ごとの人事異動を通して、いろいろな課で仕事します。前に所属していた課で扱っていた法律Aは、現在の課では関係ないでしょう。現在の課で扱っている法律Bも、法律Cを扱う次の異動先では担当ではありません。法律は、基本的に縦割りです。

　ところが、行政手続法は通則法であり、個別法に対して横断的に作用します。［図表3.1］のようなイメージです「法律A×行政手続法」「法律B×行政手続法」「法律C×行政手続法」というようにです。ですから、自治体職員であるかぎり、ストーカーのようにつきまとってくる法律といえます。また、行政手続法は、「独り立ちできない法律」です。常に他の法律と一緒になって動きます。その目的は、先にみたように、「国民の権利利益の保護」なのです（←48頁）。

■［図表3.1］個別法と行政手続法の関係

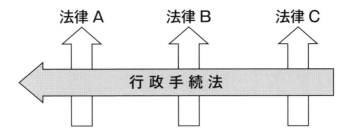

★絶望的に低い自治体職員の認識

　そうであるとすれば、自治体職員は、行政手続法制の理解を十分にしておかなければなりません。そうでないと、法律で保障された権利を100％実現してもらおうと窓口を訪れる住民・事業者の利益をまもれません。

　ところが、こうしたことを言うのは失礼かもしれませんが、行政手続法に対する自治体職員の理解は、絶望的に低いのです。たとえはよくないかもしれませんが、まるで「道路交通法を知らずにハン

ドルを握っているタクシードライバー」のようなものです。みなさんは、そうしたタクシーに乗りたいですか。こわいから他のタクシーを探そうと思いますよね。しかし、住民・事業者は「他の行政」を探せないのです。そうであるとすれば、自治体職員はもっと真剣に行政手続法のことを学習する必要があります。さあ、気合いを入れて読み進めてください。

3. 行政手続法制は行政に何を求めるか？

★申請に対する処分
〇許可と基準

　行政手続法第2章は、「申請に対する処分」に関する手続を規定しています。ここでは許可申請に対する許可（不許可）処分を例にして説明しましょう。

　「許可」とは何でしょうか。行政法のテキストを見ると、「法令によって市民の活動を一般的に禁止したうえで、市民からの申請に基づき、行政の承認により活動の自由を復活させる」仕組みと説明されます（大橋洋一『行政法Ⅰ　現代行政過程論〔第4版〕』（有斐閣、2021年）165頁）。本書の冒頭の例でいえば、70の権利が保障されているのですが、その行使には行政の許可が必要であり、許可を受けるまでは権利行使ができません。申請者にとっては、権利の実現に当たって重要な場面です。許可制は、多くの法律で採用されています。先にみた食品衛生法がそうですし、運転免許を規定する道路交通法、医師免許を規定する医師法もそうです。

　申請者の立場に立ってみましょう。申請をするに当たって、あなたはどのような情報がほしいですか。そうですね、どうすれば許可

がもらえるのかに関する基準です。

　小中学生のころ、体育の時間に走り高跳びをしたことがあります
ね。バーの高さはわかっていますから、それをちょうど越えるよう
に力を入れてジャンプをします。60cmくらいの高さなのに、激しく
ベリーロールや背面跳びをする人はいません。

　許可申請も同じです。コスパよくギリギリでクリアすればいいの
ですから、最低基準が知りたいのです。許可基準はどこに規定され
ているのでしょうか。法律や政省令が基本です。これらは、第1章
でも紹介した総務省の法令データ提供システムを参照すれば足りま
す（←21頁）。当然のことですが、公開されています。

○審査基準

　ここで、行政手続法の関係条文を見てみましょう。

■行政手続法5条
　1項　行政庁は、審査基準を定めるものとする。
　2項　行政庁は、審査基準を定めるに当たっては、……できる限り
　　　　具体的なものとしなければならない。
　3項　行政庁は、……審査基準を公にしておかなければならない。

　「審査基準」とあります。申請を審査する際に用いる基準のよう
にも思われますが、これは許可基準のことなのでしょうか。行政手
続法2条8号ロは、審査基準を「申請により求められた許認可等を
するかどうかをその法令の定めに従って判断するために必要とされ
る基準」と定義しています。

　「法令の定めに従って判断する」というのですから、法令とは別
のものであることがわかります。この点を正しく理解していない
職員はきわめて多いです。審査基準とは、行政庁が（必ずしも内容
が明確ではない）法令を事案に当てはめるに際して用いる基準です。

法令解釈をして導かれます。機関委任事務があった時代には、大臣などの上級行政庁が自治体の長に対し、解釈基準の形で、通達を通じて示すこともありました。法令だけで申請の可否を判断できる場合は、それほど多くないでしょう。こうした基準は、行政にとっては不可欠です。

　ところで、これらの基準は、行政実務のなかでは、いわゆる「手持ち基準」として利用されていました。すなわち、申請者に見せることを前提としていないのです。しかし、こうした運用は、申請者の眼には、どのように映るでしょうか。そうですね。実際に判断に利用しているのであれば、事前に知らせないのはフェアではないと感じるでしょう。走り高跳びのバーの位置は、最初からはっきりと示しておいてもらいたいのです。行政手続法5条が、詳細な審査基準の策定と公開を行政庁に義務づけるのは、こうした点に配慮したからです。70と確定された権利を100％実現してあげるのが行政なのですから、当たり前といえば当たり前です。

　あなたの自治体では、審査基準をきちんとつくっていますか。私は、職員研修で自治体を訪ねたとき、「審査基準はどうしていますか？」と聞くことにしています。実は、未作成の場合も珍しくありません。また、「これがそうです。」として渡されたファイルの中身をみると、法令の条文がそのまま貼りつけられている場合も少なくありません。すべて違法です。制定後、30年も経過しているのに、自治体行政現場への行政手続法の浸透はまだまだと感じます。

○審査開始義務

　申請に対する処分に関する手続でもっとも重要なのは、行政手続法7条が規定する審査開始義務ではないかと思います。行政手続法研修を依頼されるとき、「どこの部分を厚く講じてほしいですか？」と聞くと、「7条」といわれることが多いです。7条は何を規定し

ているのでしょうか。条文を確認しましょう（付番・下線筆者）。

> ■行政手続法７条　行政庁は、❶<u>申請がその事務所に到達したときは</u>
> <u>遅滞なく当該申請の審査をしなければならず</u>、かつ、申請書の記載
> 事項に不備がないこと、申請書に必要な書類が添付されているこ
> と、申請をすることができる期間内にされたものであることその他
> の❷<u>法令に定められた申請の形式上の要件に適合しない申請につ</u>い
> ては、速やかに、申請をした者……に対し相当の期間を定めて当該
> 申請の補正を求め、又は当該申請により求められた許認可等を拒否
> しなければならない。

　この規定の前提には、「申請者には法律で保障された権利を実現
するために申請をする権利がある。」という考え方があります。70
を実現する権利です。申請が拒否されれば、その取消しを求めて、
審査請求をしたり訴訟提起をしたりできます。このため、申請がさ
れたならば、それを受け止めて審査をし、マルかバツかの答えを出
す義務が行政にはあるのです。

　申請書が行政に届けられたとき、整理のために「受理印」を押す
実務がありますね。それをいわば、「利用」して、申請にかかる事
業に対して反対運動が起きているような場合、申請を受け取らない
対応を正当化することがあります。「地元説明を十分にして、納得
をしてもらってから申請してください。」といいたいのです。そう
した場合には、「受理印」を押さずに申請書を持って帰らせたり、
とりあえず受け取りはするものの後日返送したりすることがあるか
もしれません。

　しかし、それは、申請権の侵害です。下線部❶は、そうした行政
運用を明確に否定しています。また、地元の納得の証明として、「同
意書」を求める行政運用もあります。「同意書が添付されていない
から書類上の不備がある。」といって受け取らない場合もあります。

ここで問題になるのは、同意書が、下線部❷にある「法令で定められた申請の形式上の要件」、すなわち、法令が求めたものかどうかです。多くの場合、それはそうではありません。行政が「勝手に」求めているにすぎないのです。したがって、同意書が添付されていない申請でも適法な申請になります。このため、行政庁は、審査を開始して、マルかバツかの判断をするしかないのです。

○理由の提示

　行政庁は、申請を拒否する処分（例：不許可処分）をする場合には、申請者に対して、書面で理由を示さなければなりません。行政手続法8条が規定するこの取扱いは、行政庁の判断の慎重と公正妥当を担保することによる恣意の抑制と、審査請求や訴訟の便宜の提供を目的としています。

　これに対して、申請を認める処分（例：許可処分）をする場合には、理由の提示は必要ありません。もっとも、処分のなかには、例えば、廃棄物処理法にもとづく産業廃棄物処理施設の設置許可処分のように、申請者にとっては利益となる処分であっても、周辺住民にとっては不利益となるものがあります。このような処分の場合、周辺住民としては、許可理由をしっかりと示してほしいと考えるでしょう。しかし、現在の行政手続法は、こうした場合の措置を講じていません。このような二重効果を持つ処分についての手続の整備は、将来の課題とされています。

★不利益処分
○処分と基準

　行政手続法第3章が規定するのは、「不利益処分」に関する行政手続です。同法2条4号は、「行政庁が、法令に基づき、特定の者を名あて人として、直接に、これに義務を課し、又はその権利を制

☆法務ドクターの法律診断⑥

審査基準をみせたくない理由

　自治大学校で、研修生に対してこのような質問をした。「住民・事業者から審査基準の開示を求められても、行政はみせたくないと考えるようである。なぜそう思うのかを教えてほしい。」実にいろいろな理由が提示された。分類してみると、次のようになる。

　「忙しいのに対応に時間をとられる」という面倒回避型、「なぜそうなっているのか資料がないため質問されても対応できない」という説明困難型、「基準が誤っていた場合にそこを突かれると苦しい」という露見懸念型、「今までみせないできたため運用変更を上司に説明するのが難しい」という前例踏襲型、「基準を決めなくても業務上支障がない」という認識欠如型である。

　たしかに、カウンターの内側の職員の世界では、それなりに納得できる理由なのだろう。しかし、あまりに自己中心的であり、カウンターの向こう側にいる申請者に言えたものではない。法令が明確に規定されていないがために、自治体は審査基準をつくらなければならないのであるが、住民・事業者の権利利益の実現という行政にとって最重要の場面である。「信頼される行政」のためにも、自信を持った「作品」をつくってもらいたいものである。

限する処分をいう。」と定義します。不利益処分とは、たとえば、不法投棄をしたことを理由に廃棄物処理法に基づく産業廃棄物処理業許可を取り消す、食中毒を発生させた飲食店に対して食品衛生法に基づき営業停止処分をする、といったものです。

○処分基準

　申請に対する処分の場合、行政庁が要件を認定する際に用いる審査基準は、作成が義務づけられていました。要件を認定して判断をする点では、不利益処分も同じです。基準が必要です。それを処分基準といいます。行政手続法2条8号ハは、「不利益処分をするかどうか又はどのような不利益処分をするかについてその法令の定めに従って判断するために必要とされる基準」と定義します。

　処分基準も作成は義務なのでしょうか。そうではありません。同法12条1項は、「行政庁は、処分基準を定め、かつ、これを公にしておくよう努めなければならない。」としています。努力義務にとどめています。この違いはどこからくるのでしょうか。

　不利益処分がされるのは、何らかの法的義務を課されている人がそれに違反した場合です。不利益処分を規定する条文は、多くの場合、「……のときは、……することができる。」というような規定ぶりになっています。申請に対する処分と同じく、不利益処分の場合にも、行政は手持ち基準を持っていて、それを使って個別事例における判断をするでしょう。

　その基準は、おそらく、程度にかかわらずすべての違反に対して同じような不利益処分で対応するのではなく、「これくらいならばこの処分」「あれくらいならあの処分」「それくらいなら処分せずに行政指導」というように記されているでしょう。項目を細かく分けてチェックリストのようにしているかもしれません。この手の内をさらしてしまえばどうなるでしょうか。そうです。「これくらいの

違反ならこの程度の措置ですむ。」とか、「少しくらいの違反なら何もされない。」ということがわかってしまいます。違反を誘発する効果を持つのです。処分基準の作成および公表が義務とされていないのは、こうした理由からです。しかし、的確な権限行使の観点からは、作成だけは義務と考えるべきでしょう。

○意見聴取

不利益処分は、行政庁が、その一方的な判断で行います。レストラン経営者の側から、「私に営業停止処分をしてください。」などということはありません。行政庁が、根拠となる法律の条文を事案に当てはめて、許可取消しなり営業停止なりの処分を選択して実施するのです。

もっとも、行政手続法13条は、こうした場合でも、処分の名あて人（＝処分の対象者）の言い分を聴くべきことを求めています。許可取消しのような重大な不利益処分の場合には「聴聞」（＝口頭の意見陳述を保障）（1項1号）、それ以外の場合には「弁明機会の付与」（＝書面の提出を保障）（1項2号）がされます。

○理由の提示

申請を拒否する処分と同じく、不利益処分に当たっても、行政庁は、その理由を名あて人に示さなければなりません。行政手続法14条が規定します。問題は、その程度です。理由を示す趣旨は、名あて人が審査請求や訴訟提起をする際に活用できるようにするためですから、たんに適用条文だけを記載するのでは不十分です。適用すべき法令が何でどのような事実があり、それはどのような意味で不利益処分要件のどれに該当するのかを、名あて人にわかりやすく記載する必要があります。「①法規範、②事実、③あてはめ」の3要素が必要なのです。

☆法務ドクターの法律診断⑦

理由提示をしない理由

　ある自治体で、行政手続法の実施状況を調査する機会があった。不利益処分の処分書をチェックして、同法が求める内容が履行されているかどうかを調べるためである。調査の結果、不利益処分書の理由欄に、適用法条しか記載されていない事例が複数確認された。

　担当者と意見交換をしてわかったのは、次のような事情である。「不利益処分の相手方とは、きちんとコミュニケーションをとります。その過程で、なぜ不利益処分をするのかについて丁寧に説明しますので、相手方は納得しています。だから、不利益処分書には、条文だけしか記載しないのです。」

　なるほど、と感じる理由である。しかし、行政法的にみて、大きな落とし穴がある。

　いったんは納得した相手方であるが、後日、何らかの理由で「不利益処分はおかしい。」と考えて、取消訴訟を提起したらどうなるだろうか。行政は、確実に敗訴するだろう。行政の活動は、相手方との関係だけではなく、客観的にも適法性が確保されていなければならないのである。法律を見ずに相手方しか見ないような対応では、足をすくわれてしまう。書面による不利益処分の場合、理由は必要かつ十分に書面により明確に示さなければならないのである。

不十分な記載を違法として処分の取消訴訟（➡180頁）が提起されることがあります。その場合、裁判所は、その訴えを認めている事例が多いように見えます。理由提示ができない差し迫った理由があれば別ですが、そうでないかぎり、やるべきことをやっていないというのでは、申し開きができませんね。必要十分かつ明確な理由を付するのは、行政のアカウンタビリティとしても重要です。

○一級建築士免許取消処分事件最高裁判決

ここで、最高裁判所第三小法廷の判決を紹介しましょう（最三小判平成23年6月7日裁判所ウェブサイト）。ある一級建築士が、構造計算書を偽造したとして免許取消しを受けたので、その取消しを求めて出訴したところ、最高裁は、請求を認容しました。

その理由は、次のようなものです。「〔取消理由には、〕処分の原因となる事実と、建築士法10条1項2号及び3号という処分の根拠法条とが示されているのみで、本件処分基準の適用関係が全く示されておらず、その複雑な基準の下では、上告人X₁において、上記事実及び根拠法条の提示によって処分要件の該当性に係る理由は相応に知り得るとしても、いかなる理由に基づいてどのような処分基準の適用によって免許取消処分が選択されたのかを知ることはできないものといわざるを得ない」。要するに、理由の記載が不十分というわけです。

違反している事実に変わりはないのだから、手続が違法であるとして取り消しても、次は適法な手続で同じ不利益処分をするのだから、意味はないのではないか。このように考える人もいるでしょう。

確かに、そのようにも思われます。しかし、申請者には、「適法な手続に基づいて判断をしてもらう権利」があります。行政は、それを侵害しているのです。どうせ同じことになるのだからというのは、あまりにも独善的かつ身勝手な整理でしょう。

　行政手続法の根底には、適切な判断は適切な手続によって初めて可能となるという考え方があります。この点を軽視することは許されません。

★「行政庁」とは誰か？

　行政手続法は、「行政庁」に対して、多くの義務づけをしています。5〜15条の主語は、ことごとく「行政庁」です。ところで、行政庁とは、具体的には誰のことでしょうか。

　それは、これらの規定が適用される処分に関する権限を長から専決規程により事務委任されている現在の部課長です。行政手続法の規定は、個別の申請や処分との関係で問題になります。その際に、審査基準が適切に作成され公になっていなければなりませんし、理由がきちんと示されなければなりません。もちろん、処分は長の名前で出されますが、庁内におけるその手続の責任者は部課長なのです。こっそり教えてあげてください。

★行政指導
○自治体への適用関係

　行政手続法2条6号は、行政指導を「行政機関がその任務又は所掌事務の範囲内において一定の行政目的を実現するため特定の者に一定の作為又は不作為を求める指導、勧告、助言その他の行為であって処分に該当しないもの」と定義します。要するに、住民・事業者に対する行政の法的拘束力のない個別的働きかけのことです。法律や条例の根拠は必要ありません。

　自治体行政が行う行政指導に対する手続法的規律は、各自治体の行政手続条例に委ねられています。行政手続法3条3項は、これを適用除外とするのです。もっとも、その規定内容は、基本的に同法と同じですから、以下では、行政手続法の規定を用いて説明します。

○行政指導の一般原則

　行政手続法32条は、一般原則を規定します。一般原則といっても、とくに変わったものではありません。「行政指導の内容があくまでも相手方の任意の協力によってのみ実現されるものであること」です。法的拘束力を持たないのですから、当然ですね。

　行政指導がされる局面は多様ですが、そのひとつとして、住民・事業者が許認可申請をしようとするときに、その取下げや内容の変更を求める場合があります。行政には行政の事情がありますから、このようにお願いするのは自由です。

○行政指導の限界

　問題は、その次です。行政手続法33条は、「申請者が当該行政指導に従う意思がない旨を表明したにもかかわらず当該行政指導を継続すること等により当該申請者の権利の行使を妨げるようなことをしてはならない。」と規定しています。先にも見たように、申請権の侵害になるような行為を、厳に戒めているのです。明確な不服従意思の表明。これが限界を画する基準のひとつです。

　もうひとつの限界は、同法32条2項が規定します。「行政指導に携わる者は、その相手方が行政指導に従わなかったことを理由として、不利益な取扱いをしてはならない。」すなわち、不服従を理由とする不利益取扱いの禁止です。

　これらの限界は、行政手続法の規定によってはじめて設定されたものではありません。法治主義の原則の当然の帰結です。したがって、例えば、まちづくり条例のなかで、許可申請に先立って周辺住民の同意を取得する行政指導ができる旨を規定し、その指導に従わない事業者の氏名を公表するという措置を規定するのは違法です。

○「蟻の一穴」の防止

自治体職員研修の場で、「行政指導って本当に任意だと思います
か。」と聞くと、「いえ、従ってもらうものです。」という回答がか
えってきます。職員としては、必要だからやっているのであって、
現場を知らない研究者の講師がいうように「従うかどうかは任意」
ということになれば、仕事ができないと考えるのでしょう。

条例や要綱に根拠をおく行政指導の場合に、とくにそう考えるよ
うです。きわめて日本的な説得の論理ですが、「皆さん従ってもら
っていますので、オタクだけ従わないというわけにはいかないです
よ。」という攻め方があります。従わない前例を認めれば、それが
「蟻の一穴」となって、その後の指導には誰も従わないし、それ以
前に従ってくれた人からは恨みを買うことになります。行政指導は
必然的に強制。これが行政職員の平均的感覚のようです。しかし、
そうした運用を継続するのは、難しくなっています。何かをしてもら
いたければ、条例を制定して法的義務とするしかありません。

○行政指導の中止等の求め

行政手続法は、2014年に改正されました。そこで新たに規定され
たのが、「行政指導の中止の求め」です。自分は違反していないと
思っているのになされる行政指導に関し、行政庁に対して「やめろ」
といえる制度です。同法36条の2が規定します。この申出がされた
ときは、必要な調査を行って、確かに当該行政指導が要件に適合し
ていないのにされていると認めたならば、中止しなければなりませ
ん。一種の救済措置です。例えば、「容器包装に係る分割収集及び再
商品化の促進等に関する法律」（容器包装リサイクル法）のもとでの特
定事業者に対して、再商品化義務を果たしていないとして主務大臣
が勧告をしようとする場合、自分にはそれをしない正当な理由があ
ると考える特定事業者は、勧告の中止を申し出ることができます。

　この改正を受けて、同様の内容を行政手続条例改正により導入する自治体が多いようです。この点は、次にみる「処分等の求め」についても同じです。

★処分等の求め

　中止の求めは、行政指導をされた相手方が申し立てるものでした。これに対して、周辺住民など第三者的な立場の人が、行政庁に対して、違反者に不利益処分や行政指導をするように申し出る制度が新設されました。行政手続法36条の3が規定します。申し出ることができるのは、「何人も」とされています。違反に対して法律の的確な執行がされることを重視して、申出権を持つ人の範囲を限定しなかったのです。

　この規定は、自治体の行政庁が行う法律に基づく不利益処分に関しても適用されます。一方、騒音規制法12条1項勧告のように、法律に基づく行政指導の場合には、行政手続条例の行政指導の求めに関する規定が適用されます。条例にもとづく不利益処分や行政指導の場合も行政手続法と同じ内容です。行政のお尻を叩くような制度ですね。法治主義の実現に対する社会の強い意思を感じます。

★行政手続法の庁内所管課

　職員研修の場で、「行政手続法の所管課はどこですか？」と質問すると、「法務課」「行政経営課」といった答えが返ってきます。まったく間違いではないのですが、正解でもありません。

　庁内において、行政手続法を所管するのは、そうした管理・企画部門の課と同法を実際に使っている原課の両者です。かりに法務課だけだとすると、原課が処分をするときに、いちいち法務課の了解を得なければならないはずです。しかし、そうした実務はありません。原課は、独立して行政手続法を使っているのですから、「自分

も所管課」なのです。自覚があるでしょうか。

本章のまとめ

行政手続法および行政手続条例は、住民・事業者が法律や条例で認められた権利を100%行使できるように、当該権利実現の任にあたる行政が従うべきお作法を規定しています。自治体職員としては、自分が申請者だったらどうしてほしいかというように、立場を替えて法律の仕組みを理解する必要があります。

許可申請をするときには、法令に規定されているもののほかに、それを適用する際に実際に用いる基準（審査基準）を作成・公開しなければなりません。許可取消しや改善命令のような不利益処分の際には、相手方の言い分を聴取するとともに、その理由を明確に記載する必要があります。

実務で多用される行政指導ですが、自治体職員としては、その限界を十分に理解しなければなりません。相手方の明確な不服従の意思表示があればそれ以上はできません。また、不服従を理由として不利益な取扱いをするのは違法です。

そのほかにも、行政指導の中止等の求めや処分等の求めが規定されています。以上の措置はいずれも、法治主義を実現するためのものです。

本章でも述べましたが、重要であるにもかかわらず、職員研修においては、行政手続法制について十分な教授がされていないのが実情です。しかし、この点に無自覚でいるのは危険です。住民の権利実現のために、そして、正しい事務の実施のために、行政として従うべきお作法。これが行政手続なのです。

第2部

自主的・自律的な自治体運営

第4章
地方政府の立法権行使

〔**本章で伝えたいこと**〕

　法律は、「都道府県は」「都道府県知事は」「市町村は」「市町村長は」という表現で、事務の実施主体や行政庁を規定する。法律は、日本全国の自治体全体に対して向けられたものであるから、こうした規定ぶりはやむをえない。

　しかし、これをそれぞれの自治体からみれば、「A県は」「A県知事は」「B市は」「B市長は」となる。それにもかかわらず、法律は、全国一律の内容になっている。全国的に共通して実施されるべき内容については修正できないけれども、地域の事情に適合するように内容を修正できる部分もある。法律の枠組みのなかで、追加的に決定できる部分もある。その手段は、条例である。自治体は、条例を通じて、法律をカスタマイズできるのである。法律の実施に当たって法律と融合的に作用する法律実施条例である。

　一方、法律が規定していない分野についても、それが自治体の事務と考えられる限りにおいて、自治体は、条例を制定して、住民の権利を制約したり利益を与えたりできる。法律とは独立して作用する独立条例である。

1. 法律と自治体の事務の関係とは？

★国と国民、自治体と住民

　日本国民は、「二重人格」です。国民であると同時に、自治体の住民でもあるからです。都道府県と市区町村を区別して整理すれば、「三重人格」といえます。国と自治体は、同一人の私たちに対して、１対１の関係で、さまざまな働きかけをしています。私たちの側から見れば、国と自治体から、さまざまな役務の提供を受けています。こちらは、１対多の関係です。

　憲法は、日本という国家のなかに、国とは別に、自治体を設けました。その意味については難しい議論がありますが、自治体は、主権者である国民が求めたものである点を確認しておきましょう。

★国の直轄事務

　ところで、国と同じ役割を演じるのであれば、自治体の存在意義はありません。国民の基本的人権の保障にとって不可欠な役割を果たすからこそ、国家のなかで自治体は必要になってきます。

　もっとも、先にみたように（←36頁）、人権保障のすべての場面で自治体が出てくるわけではありません。例えば、私たちが家を建てたりマンションを購入したりしたときには、不動産登記法に基づいて登記をします。一般には、司法書士さんの手を借りて法務局で行いますが、この行政事務は、先に見たように、すべてが法務省の職員によってなされます。海外旅行の際の出入国管理は、「出入国管理及び難民認定法」にもとづいて行われますが、空港でパスポートに出入国のスタンプを押してくれるのも、法務省の職員です。国家公務員により事務が実施されます。これらの場面には、地方公務員

71

は登場しません。100％国の事務を規定する国事務完結型法律です。

　自治体職員研修の場で、「あなたの市域で国家公務員は仕事をしていますか？」と聞くと、とっさには答えが返ってきません。でも、少し考えると、ほかにも、国税の税務署、裁判所、検察庁、自衛隊、ハローワーク、国道や一級河川の直轄区間の管理など、多くの仕事を国だけが担当しています。それぞれに法律の根拠があります。

★自治体の事務を規定する法律

　これに対して、法律のなかに、国の事務以外に自治体の事務が規定されることがあります。法律の根拠を持つ事務ですから、これを「法定自治体事務」ということにしましょう。これには、法定受託事務と法定自治事務という2種類があります（地方自治法2条8〜9項）。これらを規定するのが、自治体事務併存型法律です。

　この場合には、国と自治体の両者がそれぞれの役割を果たすことを通じて、国から見れば国民の人権の保障が、自治体から見れば住民の人権の保障が実現されるのです。［図表2.4］（←30頁）をもう一度見てください。国は自治体にきちんと仕事をしてもらわなければならないし、自治体は国にきちんと仕事をしてもらわなければなりません。

　これらの法定自治体事務の多くは、第2章で見たように、かつては機関委任事務でした（←35頁）。それが全廃され、現在では、すべてが法定自治体事務になっています。

　具体例を見てみましょう。第2章で少しふれた特定盛土規制法です（下線著者）（←36頁）。同法は、国会が、国の役割（立法作用）に基づいて制定しました。

■特定盛土規制法　第12条1項　宅地造成等工事規制区域内において行われる宅地造成等に関する工事については、工事主は、当該工

事に着手する前に、<u>主務省令で定めるところにより</u>、都道府県知事
の許可を受けなければならない。……
2項　都道府県知事は、前項の許可の申請が次に掲げる基準に適合し
ないと認めるとき、又はその申請の手続がこの法律若しくはこの法
律に基づく命令の規定に違反していると認めるときは、同項の許可
をしてはならない。

第13条１項　宅地造成等工事規制区域内において行われる宅地造成等
に関する工事……は、<u>政令</u>……で定める技術的基準に従い、擁壁、排
水施設その他の<u>政令で定める施設</u>……の設置その他宅地造成等に伴う
災害を防止するため必要な措置が講ぜられたものでなければならない。

　特定盛土規制法は、知事に対して、「許可に関する事務をせよ。」
と正面から命令してはいません。しかし、上記のような規定ぶりの
場合には、申請がされた場合に基準に照らしてその内容を審査し、
許可ないし不許可の判断をするのは当然と考えられています。
　その作業をするに当たって、下線部にあるように、内閣は政令を、
国土交通省など関係省は省令を制定する義務があります。これは、
国会により命ぜられた中央政府の事務です。具体的には、技術的基
準が、それぞれ特定盛土規制法施行令、特定盛土規制法施行規則で
定められています。内閣および国土交通省が、国の役割（行政作用）
にもとづいて制定したものです。第１章で確認しましたね。このよ
うに、国と自治体の両者があいまって、宅地造成等工事規制区域内
において、特定盛土規制法で具体化された財産権を行使しようとす
る造成主に対する役務が提供されるのです。

★自治体と長

　法定自治体事務について、ちょっと立ち止まって考えてみましょ
う。特定盛土規制法は、都道府県知事に対して、許可に関する事務
を命じ、そのために必要な権限を与えています。これにはどういう

意味があるのでしょうか。地方自治法の次の2つの条文を見てください。

> 147条　普通地方公共団体の長は、当該普通地方公共団体を統轄し、これを代表する。
> 148条　普通地方公共団体の長は、当該普通地方公共団体の事務を管理し及びこれを執行する。

　特定盛土規制法を例にすると、同法のもとでの許可事務は、都道府県の事務です。それでは、都道府県のなかにおいて、誰がそれを担当するか。それは、長である知事ということになります。地方自治法2条16項は、「地方公共団体は、法令に違反してその事務を処理してはならない。……」と確認的に規定します。知事は、政令・省令が定める基準に従って、許可の事務をしなければなりません。国会が自治体の事務をつくってその実施を命じ、自治体内部においてその処理を知事が担当する。イメージとしては、[図表4.1] のような感じです。法律は、自治体に事務の実施を求めます。そして、自治体内でそれをするのは、議会ではなく長になります。機関委任事務制度のもとでは、法律が長に直接義務づけていましたが、現在では、「自治体の事務」というワンクッションを経て、実施は「長の仕事」とされるのです。

■ [図表4.1] 自治体への事務の義務づけと長の担当

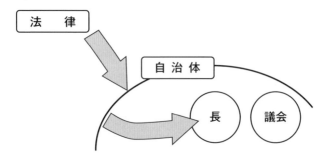

2. 自治体事務と条例の関係とは？

★2種類の自治体事務

　自治体の事務には、2種類あります。第1は、先に見た法定自治体事務（法定受託事務＋法定自治事務）です。つまり、根拠が法律にあるものです。第2は、法律以外の根拠を持つものです。これを、「法定外自治体事務」ということにしましょう。その根拠は、条例または要綱である場合が多いです。ちょっとややこしいですね。［図表4.2］のように整理しておきましょう。

■ ［図表4.2］現在の自治体の事務

現在の自治体の事務 {

(1) 法定自治体事務

① 法定受託事務
（地方自治法2条9項）

② 法定自治事務
（地方自治法2条8項）

(2) 法定外自治体事務

　法定自治体事務と法定外自治体事務。この両者は、地方自治法に一緒に規定されています（下線・付番筆者）。

> ■地方自治法2条2項　普通地方公共団体は、❶地域における事務及び❷その他の事務で法律又はこれに基づく政令により処理することとされているものを処理する。

　下線部❷は、法定自治体事務のようにもみえます。ところが、そうではなく、下線部❶が、法定自治体事務および法定外自治体事務の両者を指すとされています。

　それでは、下線部❷は一体何を指しているのでしょうか。それは、本来は地域における事務とはいえないけれども、国家的観点から、とくに法律またはこれにもとづく政令の定めによって例外的に自治体に処理を命じる事務とされます。具体的には、「北方領土問題等の解決の促進のための特別措置に関する法律」11条に基づいて、北方領土に本籍を有する者に係る戸籍事務を根室市が処理していること、「東日本大震災における原子力発電所の事故による災害に対処するための避難住民に係る事務処理の特例及び住所移転者に係る措置に関する法律」（原発避難者特例法）にもとづいて、避難民の避難先市町村が避難元市町村の事務を処理していることがあげられます。このように、❷はきわめて例外的ですので、以下では、❶を前提にします。

★条例という立法

　法律と並んで、地域における事務の根拠となるのが条例です。憲法94条は、次のように規定します（下線筆者）。

> ■日本国憲法94条　地方公共団体は、その財産を管理し、事務を処理し、及び行政を執行する権能を有し、<u>法律の範囲内で条例を制定</u><u>すること</u>ができる。

　先にもみたように、条例制定権の根拠は、下線部のように、憲法94条にあります。条例は、自治体議会の議決により成立します。憲法93条2項を踏まえ、住民の直接公選によって選出された住民代表による決定であり、住民の総意です。条例には、住民の権利義務に

関する定めをおくことができます。そのかぎりで、住民に対して、法的拘束力があるといえます。もちろん、行政に対しても同様です。

　最近では、このような法的拘束力以外にも、「議会の議決にかかる自治体の総意」という側面を強調する条例が多く制定されています。例えば、いわゆる「乾杯条例」です。第1号は、2012年に制定された「京都市清酒の普及の促進に関する条例」といわれます。わざわざ条例を制定しなければならないような内容ではありませんが、地域振興をしたいという「自治体の想い」が込められているといえるでしょう。理念条例と称されたりします。

　以下で説明するのは、このような条例ではなく、行政や住民・事業者に対して、法的拘束力を及ぼす条例です。規制条例と称されることもあります。地方自治法14条2項は、次のように規定します。義務賦課や権利制約といった法的効果を持たせるためには、条例の根拠が必要です。

■地方自治法14条2項
　普通地方公共団体は、義務を課し、又は権利を制限するには、……条例によらなければならない。

★条例案の提案、議決、公布、施行

　条例案は、議員定数の12分の1以上の議員の賛成により提案できます（地方自治法112条2項）。もっとも、より一般的なのは、長の提案によるものです（同149条1号）。議案は、議会の過半数の賛成により成立し（同116条1項）、長の公布により発効し、条例によって指定された日から施行されます（同16条）。

★条例制定権の「根拠の根拠」

　条例は、自治体の立法です。憲法94条を踏まえて、地方自治法14

条１項は、次のように規定します。

> ■地方自治法14条１項　普通地方公共団体は、法令に違反しない限りにおいて、第２条第２項の事務に関し、条例を制定することができる。

　自治体で条例を制定しようとする際、外部の専門家をメンバーにした検討会が設置されることがよくあります。数回議論をしたあとで、報告書がつくられます。原案を起案するのは、あなたのような若い職員の場合もあります。

　こうした文書を読んでいて、「おや？」と感じることがあります。それは、「……地方自治法14条１項に基づいて、この条例を制定する……」というようなフレーズに出会ったときです。たしかに間違ってはいないのですが、その背景には憲法94条があることを決して忘れないでください。条例制定権の根拠は、憲法94条です。

★条例制定権の範囲
○自治体の事務であること

　地方自治法14条１項が確認的に規定するように、条例が制定できるのは、同法２条２項に規定される事務です。先に見たように、「地域における事務」がそれでした。それには、法定自治体事務（法定受託事務＋法定自治事務）と法定外自治体事務がありました。［図表4.2］（←75頁）で、もう一度確認しておきましょう。

　いうまでもないですが、自治体の事務というのは、条例を制定しようとする自治体の事務という意味です。制定された条例の効力は、当該自治体の区域内にしか及びません。隣の自治体の事務は、条例制定権の対象外です。国の事務が対象外であるのはもちろんです。

○適法であること

　憲法94条は「法律の範囲内」、地方自治法14条１項は「法令に違反しない限り」と規定します。その内容は、実質的には同じです。憲法98条にあるように、違法な条例には効力はありません。条例は、適法なものでなければならないのです。

○解釈によること

　それでは、具体的な条例の適法違法を判断する基準はどのようなものでしょうか。憲法にも地方自治法にも、具体的な記述はありません。

　そこで、そうした基準は、「法解釈」によってつくられることになります。法律に明確な基準が規定されていない以上、解釈に委ねる以外にありません。その究極的権限を有しているのが、最高裁判所です。自治体職員としては、この点を十分に理解しておく必要があります。最高裁の解釈については、後で見ます（➡103頁）。

★条例の機能
○条例はなぜ必要なのか

　ところで、自治体にとって、条例はなぜ必要なのでしょうか。それは、政策実現のために、市民・事業者の権利・義務に法的に影響を与える活動をせざるをえないからということになります。また、政策が確実に実現されるよう、行政に権限を与えるためということもできるでしょう。

　条例が制定できるのは自治体の事務についてですが、それには大きく分けて２つありました。もう一度［図表4.2］（◀75頁）を見てください。法定自治体事務と法定外自治体事務です。この分類は、法律による規律がされているかどうか、されている場合にそこに自治体の事務が規定されているかどうかという観点からのものです。

条例の機能は、それぞれの事務について別々に考える必要があります。

○独立条例と法律実施条例

　法定外自治体事務には、法律は関係してきません。このため、条例は、いわば「独り立ち」しなければなりません。例えば、義務づけを規定して、その不履行に対して是正措置を規定するという具合です。条例は、そのなかに完結的な仕組みを持っていなければなりません。義務履行確保のための「フル装備」が必要です。措置命令や公表や罰則です。こうした条例を、独立条例といいます。

　これに対して、法律に規定されている法定自治体事務を地域特性に適合させるように変えて（修正・追加）実施するための条例を、法律実施条例といいます。実施の仕組みは法律に規定されていますので、条例は、「変えたい部分」だけを規定すればよいのです。あるいは、法律のなかでは、「条例を制定すること」だけを規定し、その内容は、基本的に条例に任せる仕組みもあります。この場合の条例も、法律実施条例です。

　両タイプの条例については、第5章と第6章でさらに詳しく解説します。

3. 法定事務と自治体の関係とは？

★現行法令の特徴

　法定自治体事務の場合、国が全国における適用をにらんで仕組みを作りますから、どうしても画一的かつ詳細になります。内容を国が決定する部分が多くなります。第2章で、機関委任事務につい

☆法務ドクターの法律診断⑧

例規集のウェブ公開

　1,788ある都道府県・市区町村のなかで、例規集をウェブサイトにアップしていない自治体はどれくらいあるだろうか。私の高校同級生で図書館情報学を専攻する大学教授がいる。彼が運営しているのが、「条例Webアーカイブデータベース」（https://jorei.slis.doshisha.ac.jp）である。2023年8月現在、1,766自治体までたどりついた。あと22団体（1.2％）、「全国制覇」は目前である。紙媒体で提供してくれればそれをコピーして電子化してあげると持ちかけているようであるが、頑なに拒否するのがこの1.2％なのである。

　すべて町村である。交渉の苦労話を聞いたが、いろいろな言い分があっておもしろい。「役所に電子データがないから出せない」。だから代わってやってあげようといっているのである。「上の許可が下りない」。公知情報のはずであるが、なぜ許可が必要なのだろうか。「そんなことをして何のメリットがあるのか」。なるほどそうかもしれないが、出さないことに何のメリットがあるだろうか。「貸し出しは取り決めによって禁止されている」。どんな取り決めなのだろうか。「大学内で使用するのはいいが、公開は困る」。条例が公開されないでどうするのだろうか。「整備されていないので外に出したくない」。公開されると都合が悪い内容が規定されているのだろうか。それにしても、一体、何を守ろうとしているのだろうか。

て説明しました（◀35頁）。この事務を規定する法令の特徴として、全国画一性、規定詳細性、決定独占性があると述べたのを思い出してください（◀39頁）。

★立法原則と解釈原則

　それでは、そうした特徴のある現行法令は、どのように変わっていくべきなのでしょうか。抽象的ではあるのですが、2000年分権改革のなかで改正された地方自治法のいくつかの規定が、それを述べています。確認しておきましょう（下線筆者）。

■地方自治法２条11項　地方公共団体に関する法令の規定は、<u>地方自治の本旨に基づき</u>、かつ、<u>国と地方公共団体との適切な役割分担を踏まえた</u>ものでなければならない。

■地方自治法２条12項　地方公共団体に関する法令の規定は、<u>地方自治の本旨に基づいて</u>、かつ、<u>国と地方公共団体との適切な役割分担を踏まえて</u>、これを解釈し、及び運用するようにしなければならない。……

■地方自治法２条13項　法律又はこれに基づく政令により地方公共団体が処理することとされる事務が自治事務である場合においては、国は、地方公共団体が地域の特性に応じて当該事務を処理することができるよう特に<u>配慮</u>しなければならない。

　地方自治法２条11項は、法令の規定のあり方についての命令です。立法原則と称されます。同条12項は、法令の解釈・運用のあり方についての命令です。解釈原則と称されます。下線部にあるように、そのいずれにおいても、「地方自治の本旨に基づく」「国と地方公共団体との適切な役割分担を踏まえる」というフレーズが用いられて

います。

　「地方自治の本旨」という表現は、どこかで見た覚えがありますね。そうです、第2章で学んだ憲法92条です（←30頁）。「適切な役割分担」は、第2章で学んだ分権改革のなかで出てきました（←29頁）。憲法で用いられている文言がそのままコピー・アンド・ペーストされているのですから、この立法原則と解釈原則の規定は、相当に重たい意味を持っています。憲法92条が具体化されているのです。

　地方自治法2条13項は、法定自治体事務のうちとくに自治事務について規定します。地域特性に応じた事務処理ができるように「特に配慮せよ。」というのです。なお、ここには、もうひとつの法定自治体事務である法定受託事務という文言は登場しません。この点に関しては、自治体の事務であるかぎり、法定受託事務についても「それなりに配慮せよ。」という黙示的命令がされていると整理しておきましょう。

★配慮の中身

　それでは、「配慮」とは、具体的に何をすることでしょうか。それは、どのような効果をもたらすのでしょうか。

　やや大雑把にいえば、法律のもとで、法定自治体事務を実施する自治体が、地域事情に合わせて法令の内容を修正したり追加したりすることです。その結果、法律で規定されている事業者の自由が、より制限される場合もあります。第1章の［図表1.1］（←11頁）を使って説明すれば、全国的には70に制約されている憲法上の権利が、ある自治体においては、さらに10制約されて60になります。

　そうした効果は、どのようなやり方で実現できるのでしょうか。ここで、もう一度地方自治法14条2項を確認しましょう（←77頁）。そうですね、「条例」によらなければならないのです。

　そうすると、地方自治法2条13項の下線部にある「配慮」とは、

第1には、条例で法令内容を修正・追加できる旨を法律に規定することになります。これは、立法原則の具体化です。しかし、現行法には、そうした規定がない場合が多いようです。そこで、解釈原則を踏まえて考えれば、第2として、規定がなくても、法律に違反しない範囲で、条例で法令内容を修正・追加できると解釈できるのです。

4. 地域特性適合的対応とは何か？

★地域特性適合的対応の3つの内容

　全国画一的な規制内容を規定する法律との関係で、自治体が地域特性を踏まえ、それとは異なった規制をする場合があります。行政法や地方自治制度のテキストは、どのような内容にするのかに関して、「上乗せ」「横出し」「裾下げ」といった表現で説明することがあります。

　なお、「規制」というと、上からギュッと押さえつけるようなニュアンスがあります。本書では、より広く、「法律や条例により規律を加えること」というほどの意味で用います。ですから、権利を制約したり義務を課したりする場合もあれば、逆に、利益を与える場合もあります。英語に"regulation"という単語がありますが、これは、「コントロールをする」という意味です。抑制もしますし誘導もします。

　私は、勤務校法学部の授業「自治体環境法」において、「上乗せ」「横出し」「裾下げ」を、簡単に説明します。ところが、「授業を聴いてよくわからなかったことを教えてください。」とリアクションペーパーの提出を学期の途中で求めると、「3つの関係がよくわからな

☆法務ドクターの法律診断⑨

要綱行政

　要綱とは、行政が事務を実施するに当たって依拠するガイドラインである。行政法学の用語では、行政規則と呼ばれ、行政内部における効果しかない。外部効果を持つものは法規命令と呼ばれ、法律や政省令、条例や施行規則がそれに当たる。これらは、市民・事業者に対して法的影響を与えうるが、要綱はそうしたことはない。

　法的にはそのように整理できるが、現実の自治体行政において、要綱が果たす役割は、きわめて大きい。すなわち、ほとんど条例と同じような機能を持っている場合があるからである。行政内部的効果しかないはずであるが、例えば、そこには、「事業者は……しなければならない。」というような規定がある。行政は、これを踏まえて、「……しなければなりません。」と市民・事業者に説明するのである。

　もちろん、これは、行政指導にすぎない。しかし、長年そのようにしてきたこともあり、事実上の強制が行われる。暗澹たる無法地帯である。

　分権時代にあっては、自治体行政は、条例制定権の拡大の意味をしっかりと受け止めて、とりわけ権利義務に関する事項については、条例で規定するべきである。事業者は、「行政とケンカしていいことは何ひとつない」と思うために、不承不承で従うけれども、それに甘えていてはいけない。訴訟で違法とされる運用も少なくなく、そうなれば、多額の国家賠償金の支出を余儀なくされるのである。

い。」という内容のコメントが一番多く出されます。説明の仕方が悪いのですが、概念そのものも少々難解なようです。

★上乗せ

　「上乗せ」とは、ある規制対象者に対して課している義務の程度を強化することです。荷物が入っているバックパックを背負っているイメージを持ってください。上乗せとは、そのなかにさらに重い荷物を入れるようなものです。

　よく引き合いに出される例は、水質汚濁防止法にもとづく排水規制です。同法のもとでは、特定施設が設置される特定事業場が規制対象になります。排水基準は、環境省令で全国一律に決まっています。例えば、河川水質の汚濁指標のひとつである生物化学的酸素要求量（BOD）については、160mg/ℓ以下となっています。しかし、特定事業場が多く立地する都道府県では、全国一律の値では、河川の水質環境が十分に保全できません。そこで、その値を100mg/ℓ以下にすること。これが上乗せです。水質汚濁防止法によってすでに規制を受けている特定事業場の設置者にとっては、バックパックがズシッと重たくなりますね。

★横出し

　これに対して、「横出し」は、ちょっと複雑です。上乗せと横出しを比較すれば、横出しのほうがわかりにくいようです。

　先のイメージで説明すれば、バックパックを背負っている人の手に、新しく荷物を持たせるようなものです。その荷物の内容は、法律では規制されてはいません。新規の規制。これが、横出しのポイントです。

　その内容は多様です。規制項目、規制行為、規制手続に分けて説明しましょう。まず、規制項目です。水質汚濁防止法の例で説明す

れば、同法のもとでは、排出水の「色（着色度といいます）」は規制されていません。しかし、工場排水によっては、赤とか黄といった色をしている場合があります。それをそのままに河川に排水すると、河川がその色に染まって、何とも不気味です。そこで、同法では規制されていない（つまり、結果的に自由となっている）色について、新たに規制をするのです。

規制行為はどうでしょうか。例えば、景観法のもとで指定される景観区域における一定の行為は、同法が指定します。これは、全国一律です。しかし、自治体によっては、景観保全の観点から、指定外の行為を規制したいと考えることがありえます。そこで、そうした行為に対して規制の網を拡げるのが横出しです。

それでは、規制手続についてはどうでしょうか。法律では何も規定されていない場合に、自治体が、相手方の事情をよく踏まえて対応したいと考えるならば、条例で意見聴取手続が設けられます。法律では一応の規律があるけれども、より手厚くしたいと考える場合には、法律以上の手続が規定されることもあります。この場合は、権利制約ではなく、権利充実ですね。

横出しがされると、法律の規制では対象になっていなかった項目、行為、手続が新たに規制対象になります。上乗せが「縦方向の規制拡充」だとすれば、横出しは「横方向の規制拡充」といえます。

★ （横出しの一類型としての）裾下げ

さて、多くの学生が混乱するのが、「裾下げ」です。これは、規制対象となっている施設や行為の規模を拡大する（より小規模なものまで規制に取り込む）ことです。

法律で規制をする場合、対象となる行為の規模をどこまでとするかについては、政策的配慮がありえます。例えば、水質規制の場合、シアンや水銀のような有害物質の排出であれば、少量であって

も健康や生活環境に影響がありますから、事業場の規模にかかわらず対象にしなければなりません。一方、先にあげたBODについては、多少の汚濁があっても排出先の河川で薄まりますので、排水量が小さな特定事業場については、排水基準を適用しなくても問題はありません。このため、一定規模未満の特定事業場は、水質汚濁防止法のもとで排水基準遵守の義務づけ対象からははずされています。スカートの裾をはさみで切って、必要な部分だけを残すようなものであるため、この措置を「裾切り」といいます。

　裾下げとは、法律により裾切りされて規制対象外となってしまった施設や行為に対して、地域の実情に配慮してこれを法律に取りこみ、新たに規制を及ぼす措置のことです。「つぎ足し」ですね。その結果、全体として見れば、規制範囲は拡がります。法律で規制されていない部分に対して規制を拡大するという点では、「横出しの一類型」と整理できます。

5. どのようにして実現するのか？

★実現の方法

　法令に対して、地域特性を踏まえた自治体独自の内容を盛り込む。それが、上乗せ、横出し、裾下げでした。それでは、自治体独自の内容は、どのようにして実現されるのでしょうか。大きく分けて2つの方法があります。全く異なるアプローチです。

　第1は、法律を使うことです。例えば、上乗せ規制として、省令で定められている基準を修正する基準を条例で規定した場合、それを省令基準に代えて用いるのです。省令カートリッジを外して、それに代えて条例カートリッジをさしこむというイメージです。条例

内容は、法律の一部となって融合的に作用する「リンク条例」です。この場合、条例で規定されるのは、基本的には、「代えたい部分」だけです。

　第2は、条例で完結的な仕組みを規定することです。法律とリンクはしません。上乗せ規制の例では、条例によって、厳しくした基準の遵守を義務づけるだけではなく、届出を規定し、基準違反に対する対応を規定するのです。前述のように「フル装備の条例」となります（←80頁）。法律に影響を与えないという意味で、独立条例といえます。条文の数は、リンク条例に比べると多くなります。規制を受けている側から見ると、法律による規制と条例による規制の2つが同時に適用されます。しかし、二重規制をする必要性はありません。このため、基本的には、第1の方法が適切です。そのときに問題になるのが、法律との関係です。

★明文規定の必要性

　条例で決定された基準を法令基準に代えて適用するのは法律に明文規定があってはじめて可能になるというのが、伝統的な考え方なのです。上乗せ条例を規定する典型例は、前述の水質汚濁防止法ですが、その規定は、以下のようになっています（下線筆者）。

> ■水質汚濁防止法３条３項　都道府県は、当該都道府県の区域に属する公共用水域のうちに、その自然的、社会的条件から判断して、第１項の排水基準によっては人の健康を保護し、又は生活環境を保全することが十分でないと認められる区域があるときは、その区域に排出される排出水の汚染状態について、政令で定める基準に従い、条例で、同項の排水基準にかえて適用すべき同項の排水基準で定める許容限度よりきびしい許容限度を定める排水基準を定めることができる。

　注意を要するのは、現行法にあるこうした規定は、分権改革以前の機関委任事務時代にできたという点です。都道府県知事が権限を有していた規制事務は、機関委任事務という「国の事務」でした。一方、条例を制定するというのは、都道府県固有の事務です。異なる行政主体同士の事務なのですから、両者は、融合するはずもありません。そこで、機関委任事務を規定する法律の側で、「条例を制定して何かの決定をすれば、それを法律の一部としてみなしてあげる。」という趣旨の明文規定が必要になるのです。これが、例えば、水質汚濁防止法3条3項です。下線部の「かえて適用すべき」という部分が重要です。

　この規定がなければ、上乗せ排水基準を定める条例の効果は、水質汚濁防止法には及びません。フル装備の独立条例を制定するしかありません。法律に規定があってはじめてそれが可能になるため、創設規定と呼ばれたりしました。

★法律による条例の義務づけ

　法律のなかには、法令では何も決定せずに、自治体に対して、条例を制定させて事務の内容を決定してもらう仕組みを採用するものもあります。自治体は、その法律の制度趣旨を踏まえて、地域に適合した内容を決定できますから、分権的といえます。条例の制定を義務づけているために、国の関与が強いと感じるかもしれません。しかし、事業者の権利利益に関わる事項ですから、こうした規定がなくても、当然に条例で規定できるものです。分権改革がされた現在、法律の規定は、確認的ととらえておけばいいでしょう。

　例えば、食品衛生法は、飲食店営業の許可権限を都道府県知事に与えています。許可の可否を判断するには基準が必要ですが、同法54条は、次のように規定します。

> ■食品衛生法54条　都道府県は、飲食店営業その他公衆衛生に与え
> る影響が著しい営業……であつて、政令で定めるものの施設につき、
> <u>条例</u>で、業種別に、公衆衛生の見地から必要な基準を定めなければ
> ならない。

　基準を定めるべき営業内容は、食品衛生法施行令35条が、例えば、
「飲食店営業」（1号）というように指定していますが、それについて、
どのような内容の基準にするべきかは、施行令にも施行規則にも規
定がありません。

★法律に明文規定がない場合

　それでは、条例に関する規定が法律にない場合には、どのように
考えればよいのでしょうか。前述のように、実際、法律にもとづい
て自治体に実施が義務づけられている事務に関しては、規定がない
ことの方が多いのです。条例規定がないことは条例の否定を意味す
るのかどうか。これは、分権時代の自治体行政における最大の論点
のひとつなのです。次章で説明しましょう。

本章のまとめ

　第4章では、自治体の事務に相当に踏み込んで、地域特性に適合
する内容の実現方策について説明しました。条例の重要性について、
ご認識いただけたでしょうか。自治体は、憲法94条により保障され
た条例制定権を活用して、法律が制定されていない領域に関して、
住民の福祉を向上させるために、積極的に対応する必要があります。
独立条例です。

　一方、法律が制定されている分野においても、そこで自治体に実施が義務づけられている内容では、地域のニーズに適合しないような事情があるのならば、自治体による修正・追加が予定されている部分に関して、条例を制定して対応することが可能になっています。法律実施条例であり、それが可能であることが、法律において確認的に規定されている場合もあります。

　地方分権時代においては、自治体は、憲法94条にある「法律の範囲内」という文言を自立的に解釈し、地域にある法システムを、条例を通じて実現する責任があります。解釈力を高めるためには、分権改革の意義を十分に理解しておく必要があります。

第5章
条例が拓く自治の可能性

〔**本章で伝えたいこと**〕

　自治体が条例を制定できるのは、「地域における事務」についてである。この事務に関しては、法律が制定されている場合もあるし、されていない場合もある。

　法律のなかで条例に関する指示がされていない場合、自治体は、どのような理屈で条例制定が可能になるのだろうか。条例規定がないことは、条例の否定を意味するのだろうか。分権改革の意義を踏まえて、規定がなくても条例制定が可能であることを説明する。一方、そもそも法律が制定されていない地域事務については、条例の制定は可能である。

　しかし、憲法94条が規定するように、条例の制定は「法律の範囲内」でなければならない。そこで、法律の有無、あるいは、そこにおける条例規定の有無にかかわらず、条例は、このテストに合格しなければならない。自治体は、何が「法律の範囲内」かを、自治的な法解釈によって確定していかなければならないのである。

1. 法律に規定される自治体の事務とは？

★道が見えない

　法律のなかで自治体の事務が創設され、その実施が義務づけられている場合、地域特性に対応した内容として規制を確定する必要性を立法者が感じていれば、その法律に条例規定が設けられることがあります。第4章では、水質汚濁防止法や食品衛生法の例をあげました（←87〜91頁）。食品衛生法の場合は条例制定が義務的でしたが、水質汚濁防止法の場合はそうではありません。都道府県が、排水基準を強化する必要があると感じれば、同法3条3項を踏まえて条例を制定できたのです。「できるかできないか」は問題ではなく、「するかしないか」が問題になります。すなわち、道は設けられているのであり、そこを歩くかどうかを決めればよかったのです。

　ところが、法律に基づく自治体の事務ではあるけれども、その法律のなかに条例を制定してよいという規定がない場合には、そもそも「できるかできないか」が問題になります。道が見えないために、職員としては、果たして歩けるのかどうか、何となく不安です。

★高い規律密度と「慣性の法則」

　前述のように、現行法令の多くは、分権改革前の機関委任事務時代に制定されたものです。第2章で見たように、この時代の法律には、全国画一、規定詳細、決定独占という3つの特徴がありました（←39頁）。こうした状況は、「規律密度が高い」と表現されます。機関委任事務は国の事務でしたから、事務が全国の自治体行政現場で平等に実施されるようにするには、このようになるのにも理由がありました。

　これも第2章で説明しましたが、分権改革がされたにもかかわらず、規律密度が高い状況には、基本的に変化がありません（◀39頁）。「慣性の法則」という物理学の理論があります。動いている物体に何の力も加えないと、その物はそのまま動き続けるという内容です。これになぞらえていえば、分権前に制定された法律の構造や規定ぶりが変わらないため、それを運用している自治体職員集団の意識にも変化が現れないのです。すなわち、法律に「やってよい」という規定がなければ条例はできないと考えてしまうのです。

2. ベクトル説とは？

★道を見つける

　それでは、機関委任事務が廃止された現在、どのように考えればよいのでしょうか。例えば、第4章で説明した「上乗せ、横出し、裾下げ」という対応を条例ですることを認める明文規定が法律になくても、それが自治体の事務に関するものであれば、自治体は、地域特性に応じた対応（＝法令規定内容の修正や追加）を条例ですることが可能になるのでしょうか。

　これは、憲法94条の「……法律の範囲内で条例を制定することができる。」という部分の解釈論です。もちろん、明文規定がないかぎりは無理だという解釈論もありえます。以下では、そうではないと考える方が適切であることを説明します。道はないように思えるのですが、ある見方をすることによって、道は現われるのです。

★憲法適合的な法令解釈

　全国画一性、規定詳細性、決定独占性という特徴を持つ現行法令

のもとで、そこに明文の規定がなければ条例は制定できないと考えればどのようなことになるでしょうか。そうですね。自治体の事務でありながら、機関委任事務時代と何ら変わらなくなってしまいます。

そうした法状態は、地方自治の本旨に則った仕組みを整備すべきと国に命じている憲法92条に反しています。そこで、憲法適合的に現行法令を解釈するならば、次のように考えるべきでしょう。次頁の［図表5.1］を参照してください。その形状から、「ベクトル説」と称することにします。

　現行法令の規定内容を、３つに分けて整理しよう。国がその役割分担に基づいて全国一律に通用させるべきとしたと考えられる部分（①）については、国の専権的決定事項であるから、条例で修正はできない。国の決定が最終決定である。一方、国が法令で決定した内容であっても、地域特性に応じた対応がされうると考えられる部分（②）については、これを第１次決定とみなし、自治体の第２次決定に開放されていると考える。さらに、法律の目的や制度趣旨の範囲内であるが法令では何の決定もされていない部分（③）も存在する。このオープンスペースについては、自治体が第１次決定をすることができる。決定された内容は、法律の一部として、法律と融合的に作用する。

★「自治体の事務」の３つの部分

　規律密度の高い法令は、一見すると、［図表5.1］の左側のベクトルのようです。枠のなかにある内容について、すべての事項が国によって決定されており、事務と実施する自治体の自由度はまったくありません。

　しかし、そのようであれば、憲法92条に違反する状態です。そこで、次のように考えるのです。右側のベクトルを見てください。①の部分は、国の役割に基づいて完結的に決定されたものですから、自治体は修正できません。国の決定が最終決定となります。しかし、②

の部分については、いくら規定が詳細かつ具体的にされていたとしても、国が「とりあえず決めた」のであり、自治体はその内容を修正をする第2次決定ができるのです。上乗せは、この部分における対応になります。仮にすべての自治体が第2次決定をしなければ、全国同じ内容で法律が実施されます。さらに、オープンスペースである③の部分については、法律の制度趣旨というベクトルの枠を出ることはできませんが、その枠内において、規制の追加である横出しや裾下げをすることは可能です。

■［図表5.1］ベクトル説

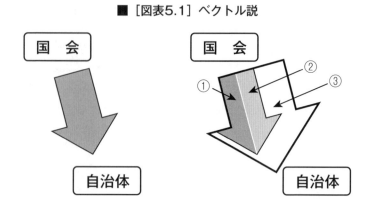

★現行法にある条例規定の意味

　繰り返し説明していますが、分権改革は、法律の構造や規定ぶりを抜本的に改革しませんでした。このため、機関委任事務時代の仕組みが残存しています。先に見たように、水質汚濁防止法3条3項の規定もそうです。条例規定があったとしても、それは、機関委任事務時代の枠組みのもとで制度設計されていたのです。

　かつては創設規定であったこうした規定は、分権時代においては、どのようにとらえるべきでしょうか。私は、現在では、これは確認規定になったと考えればよいと考えています。つまり、本来可能な

内容を念のために規定するというものです（←90頁）。これを逆に考えれば、条例を認める規定がない法律に関しても、そこに自治体事務が規定されていれば、ベクトル説でいう②や③の部分については、条例によって地域特性に応じた決定をする権能が自治体に留保されているのです。

★道の見つけ方

そうなると、①と②の間にある境界線が重要になってきます。法律や政省令で決定されている内容のうち、全国統一的に適用されるべきであり自治体による修正が認められない部分は何かです。たしかに、これは学問的には重要な点ですが、実務家としては、地域ニーズを踏まえて、「少なくとも①ではない」とさえ主張できればよいのです。私の整理は、後で述べます（➡107頁）。

ベクトル説のいう①の部分は別にすれば、②や③の部分については、条例を制定し、その内容を法律と融合させて運用することは可能です。法律をじっと見て②や③を探すこと、すなわち、地域特性に適合する法律規制を実現できる条例制定の道を探すことが、分権時代の自治体には求められているのです。

3. 先駆的取組み

★安曇野市景観条例の上書き

②の具体例として、2010年に制定された安曇野市景観条例を紹介しましょう。この条例は、いくつかの機能を持っています。そのひとつに、2004年に制定された景観法を実施する法律実施条例としての機能があります。同法に基づき市が設定する景観計画区域におい

ては、一定の行為が届出制になります。市長は、届け出られた内容を審査して勧告などをするのですが、それは、原則として、届出後30日以内とされています。一方、届出者に対して、その期間内は、行為を開始しないように命じています。景観法18条1項です。

　同市は、「安曇野市の適正な土地利用に関する条例」を制定していますが、これは、大規模な開発行為について、土地利用計画に照らして総合調整をするものです。安曇野市は、この条例の対象になるような開発行為は景観に対するインパクトが大きいために、景観保全の観点からの審査にも時間を要すると考え、安曇野市景観条例18条1項において、この期間を、60日に書き換えたのです。法定の30日以内に代えて60日以内とするのですから、「上書き」といえるでしょう。

★ 「横須賀市宅地造成に関する工事の許可の基準及び手続きに関する条例」の横出し

　③の具体例として、2006年に制定された「横須賀市宅地造成に関する工事の許可の基準及び手続きに関する条例」を紹介しましょう。第4章で触れた特定盛土規制法（条例制定時は、宅地造成等規制法）の許可基準を追加している横出しの例です。

　斜面地が多い横須賀市では、特定盛土規制法の許可を要する工事が多くあります。宅地造成等規制法時代の話ですが、そのなかには、許可は得たけれども、工事途中で資金繰りが悪化して工事が途中で止まってしまう例が増えてきました。そのままに放置すると危険ですので、市長は措置命令を出します。ところが、資金がなくなっていますから、命令を履行することはできません。そこで、工事をするのであれば、それを完遂するだけの資力があることを許可基準のひとつとして求めました。事後対応ではなく、問題の発生を未然に防止するのです。先に見たように、特定盛土規制法は、技術的基準

を定めるのみで、資力があるかないかについてチェックする規定はありません（←73頁）。

　横須賀市は、同市内において、「国民の生命及び財産の保護を図〔る〕」という同法の目的（１条）を実現するには、資力要件を加えることが必須であり、それを同法は否定していないと解したのです。条例の具体的規定を見てみましょう（下線筆者）。

（工事の許可基準）
■横須賀市条例４条　法第８条第１項の規定に基づく宅地造成に関する工事（法第12条第１項の規定により工事の計画を変更しようとするときは、変更後の工事。以下「工事」という。）（令第３条第４号に規定するものを除く。……）は、<u>法、令及び省令に定めがあるもののほか</u>、次に掲げる基準に適合しなければならない。
⑴　造成主が工事を完成するための必要な資力を備えていること。

　下線部に注目してください。法令基準に追加して条例で法律のもとでの基準をつくるという意図が明確に表れていますね。ベクトル説を用いて説明すれば、特定盛土規制法に③の部分を見出して、そこに資力要件を規定したと整理できます。法律にある「国民」という文言を「横須賀市民」と読みかえたとき、法律の規定だけでは不十分と考えたのでしょう。

4. 法定外事務と自治体の関係は？

★地域における事務

　自治体の役割は、地域における事務の処理です。その事務には、法律が規定しているものとそうでないものがありました。［図表

4.2］をもう一度確認してください（←75頁）。この事務には、法律によってまったく規定されていないものと、法律では一応の規定はあるのですが、自治体が必要と考える部分にまでは規制の網がかけられていないものとがあります。

★法律がまったくない場合

　法律がまったくない場合の例には、どのようなものがあるでしょうか。前述の歩行喫煙という行為は、そのひとつでしょう。確かに、歩きタバコを規制する法律はありません。いろいろな行為を処罰の対象とする軽犯罪法にも、そうした規定は見られません。

　歩きタバコの規制は国の事務かといえば、そうとは思えませんね。自治体、とりわけ市町村の事務というべきでしょう。そこで、市町村は、必要があれば、憲法94条により保障されている条例制定権を活用して、条例により規制をすることが可能です。2002年に制定された「安全で快適な千代田区の生活環境の整備に関する条例」は、路上禁煙地区内での喫煙を禁止したうえに、違反者に対して積極的に過料を科している厳格な執行で有名です。

★法律が制定されている場合

　これに対して、法律は制定されているのだけれども、自治体にとってその規制が十分ではない場合に、法律が規制していない部分を規制することが考えられます。十分かどうかは、それぞれの自治体の自立的判断となります。

　「十分ではない」と判断する理由は、大きく分けて2つあります。第1は、自治体が想定している目的では法律が制定されていない場合です。例えば、犬を飼うという行為に対して、狂犬病予防法は、飼い主に年に一度の予防接種を義務づけていますが、散歩させる際にフンの始末をすることは規定していません。1997年制定の「台東

区ポイ捨て行為の防止に関する条例」は、空き缶などのポイ捨てのほかに、飼い主によるフンの不始末も規制対象としています。

　第2は、法律と目的は同じなのですが、法律の規制がされていない対象外の部分に対応したいと自治体が考える場合です。法律との関係では、追加的規制になります。横出しですね。これは、先に見たように、法律実施条例を制定して対応することも考えられます。しかし、そのようにはせずに、法律とは別に、独立条例を制定することによる対応も可能です。2014年に、「空家等対策の推進に関する特別措置法」（空家法）が制定されました。この法律の対象となる「空家等」には、例えば、壁や柱を共有する形で建築されている「長屋」の個別区画は含まれないとされています。5軒長屋のひとつの住戸部分が相当に劣化していても、空家法の対象にはならないのです。しかし、長屋が多く建築されている地域では、手をこまねいているわけにはいきません。そこで、大津市では、2016年に「大津市空家等の適正管理に関する条例」を制定し、空家法では対象外となっている長屋の個別区画である住戸への対応を可能にしました。第7章でみるように、空家法は2023年に改正されましたが、この状況には変化はありません。

5. 条例の適法性評価とは？

★憲法94条の解釈論

　これまでにも述べてきたように、憲法94条は、「……法律の範囲内で条例を制定することができる。」と規定しています。法律の範囲を超える条例は違法です。権利制約をされるのは誰だって嫌ですから、人によっては、「その条例は違法だ。」と主張するでしょう。

　自治体としては、この主張に反論しなければなりません。論点は、法律の範囲内かどうかを審査する基準です。憲法94条をじっと見ていても何も出てきませんから、解釈で補うほかありません。

　法解釈をする最終的権限は、最高裁判所にあります。憲法81条は、「最高裁判所は、一切の法律、命令、規則又は処分が憲法に適合するかしないかを決定する権限を有する終審裁判所である。」と規定します。条例の法律適合性の審査も、最高裁の仕事です。

★徳島市公安条例事件最高裁判決

　これまで、最高裁は、条例の法律適合性審査を多く手がけてきました。その到達点と受け止められているのが、1975年に出された古い判決です。徳島市公安条例事件最高裁大法廷判決（最大判昭和50年9月10日裁判所ウェブサイト）という名称は、どこかで耳にしたことがあるでしょう。道路交通法がデモ行進を規制していたところ、徳島市の公安条例（正式名称は、「集団行進及び集団示威行動に関する条例」）（1952年制定）が一定の遵守事項を刑罰の担保のもとに禁止しました。それに違反（交通秩序を維持しないように集団行進を煽動した）したため起訴された人が、この条例は道路交通法に違反しているから自分は無罪だと主張したのです。地方裁判所と高等裁判所は、条例規定が抽象的であり合理的解釈によっても内容を犯罪構成要件の内容を確定できないから罪刑法定主義を規定する憲法31条の趣旨に反するとして、無罪としました。これに対して、最高裁大法廷は、処罰される内容を条例規定から読み取ることはそれほど困難ではないとして無罪判決を破棄し、被告人を有罪（罰金1万円）としました。

　条例論として重要なのは、構成要件の話ではなく、道路交通法と公安条例の関係についての判断です。公安条例を適法とする結論を導くに当たって、最高裁は、［図表5.2］のような枠組みを示しまし

た。この枠組みは、実務においても学説においても、一応は妥当な
ものとして受け止められています。公安条例は独立条例です。分権
改革がされた現在においても、法定外事務に関する独立条例につい
ての審査枠組みとして利用できます。公安条例を適法としたのは、
太線のロジックです。

■［図表5.2］「法律の範囲内」に関する最高裁判所の判断枠組み

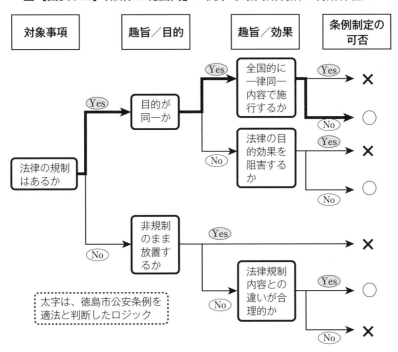

★分権時代における展開

　徳島市公安条例事件最高裁判決が下された1975年は、分権改革の
はるか前です。当時は、機関委任事務が存在していました。国の事
務である機関委任事務に関して条例が制定できないのは当然でし
た。法律のなかで、自治体に条例制定を認める場合もありましたが、

前述のように、そうした規定があってはじめて、条例の規定内容を国の事務の一部とすることができたのです。

　第2章で見たように、2000年の分権改革によって、機関委任事務は全廃され、そのすべてが自治体の事務となりました。法定の自治体事務です。自治体の事務である以上、憲法94条に基づいて、条例制定の対象にはなります。「法律の範囲内」という制約はありますが、法律や政省令により全国一律に規定されている内容について、地域特性に応じた修正を加えることは、原則として認められます。

　もっとも、制約はあります。[図表5.1]（←98頁）のベクトル説で説明したところですが、自治体の事務といっても、それを規定する仕組みのなかには、全国一律で適用されるべきものもあります。これは、国が国の役割に基づいて決定したものですから、条例制定権の対象にはなりません。そうでなければ、対象にはなります。このように、条例の可能性は、法律の条文ごと、条文に規定される文言ごとに検討する必要があるのです。その際には、「条例が可能なのはどの部分か」ではなく、「条例が不可能なのはどの部分か」という視点で法律を解釈することが必要です。

　法律実施条例の法律抵触性判断基準に関しては、最高裁の判決はありません。学説もありません。そうしたなかで、いささか手探りですが、ベクトル説を踏まえつつ、[図表5.2]で示した徳島市公安条例事件判決の枠組みを参考にすれば、[図表5.3]のようなものになるのではないでしょうか。

　まず、対象事項についてです。法令に規定されている事項に関する条例ですが、それを許さない明文規定があるかどうかが問題になります。それがあれば、その合理性が検討されます。それがなければ、この点に関する法律の沈黙が全国画一的適用をする趣旨かどうかが問題になります。そうであるとすれば、条例は制定できません。一方、法律の目的を実現するための措置について、これを法律が完

106

結的に規定したと解されるかどうかが問題になります。そうでない
とすれば、残された部分について地域特性適合的対応が認められる
となれば、条例の制定は可能です。

★ベクトル説との関係

　［図表5.1］のベクトル説は、法律実施条例の可否を説明するもの
でした。［図表5.3］との関係で整理すれば、次のようになります。ベ
クトル説の①の部分については、国が第1次決定をしています。条例
を否定する明文規定はありませんが、全国画一的適用がされるため、
この部分を条例で補正することはできません。これに対して、ベクト
ル説の②の部分については、国の第1次決定はありますが、条例を否

■［図表5.3］法律実施条例に関する法律抵触性判断基準

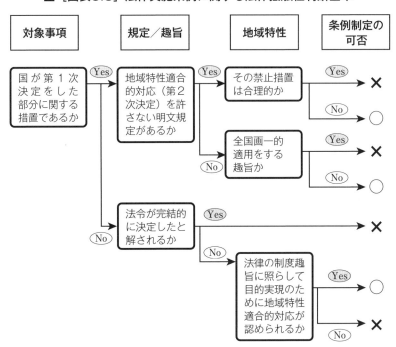

107

定する明文規定はありませんし、修正を法律が予定していると解されますので、条例は可能です。ベクトル説の③の部分は、国の第1次決定がない部分です。法令が完結的に規定する部分ではなく、地域特性適合的な対応が認められると解されますので、条例は可能です。

　重要なのは、①と②の境界線です。とりあえず、以下の3つが判断基準になるのではないかと考えています。

（ア）制度目的の実現のために、事務を実施する自治体が共通のルールに従うことが必要な内容
（イ）国民の生命・健康等への重大かつ明白な危険から国民を保護するために必要な内容
（ウ）国際的取決めを実施するために必要な内容

　例えば、（ア）については、法律のなかで規定される許可制という仕組みは、全国一律適用を国会が考えたものであり、事務を義務づけられる自治体の判断で、これを届出制にしたり登録制にしたりすることはできないでしょう。一方、許可の基準に関しては、それが（イ）のような性質を持つものであれば、これを排除したり緩和したりすることはできません。（ウ）についても同様です。強行規定といえます。しかし、そうでないかぎり、条例による対応は可能だと考えます。

★注意したい平等原則と比例原則

　最高裁の判断枠組みのほかにも、注意すべきルールがあります。ここでは、平等原則と比例原則を指摘しておきましょう。

　平等原則は、憲法14条1項が規定します。「すべて国民は、法の下に平等であつて、人種、信条、性別、社会的身分又は門地により、政治的、経済的又は社会的関係において、差別されない。」というわけです。しかし、理由のある区別は、合憲的にすることができま

す。具体的には、十分な理由があるのかどうかが問題になります。

　比例原則については、実体法の根拠はないのですが、法の一般原則として理解されています。規制をしようとする場合には、それをする必要性がなければならないというルール（必要性の原則）、および、それが必要であっても、目的と手段のバランスがとれていなければならないというルール（過剰規制の禁止）から成り立っています。基準を設けてそれに該当する地域における立地のみを規制すれば足りるのに、自治体全域を禁止区域にするような条例は、比例原則に反して違法でしょう。また、構造基準や立地基準を充たしているにもかかわらず、さらに周辺住民の同意書を取得していることを基準とするような条例も、不可能を強いるものとして同じく違法でしょう。

★責任を持った立法判断を

　地方分権の進展に伴い、自治体の政策を条例を通じて実現することが強調されています。確かにそれは重要ですが、違法であってはなりません。イケイケドンドンというわけにはいかないのです。

　条例案は、行政職員が起案する場合が多いはずです。例えば、長のマニフェストにあるからという理由で条例化が求められるとしても、その作業に当たる職員は、判例や学説を十分に参照して、適法な条例に仕上げなければなりません。

　「住民の意向を最大限尊重する」として、前述の同意制条例案の作成を長が命令する場合もあるでしょう。その職務命令は、違法行為を命ずるものであり無効であって従う必要はなく、従わなかったことを理由に不利益を課すのは違法なのですが、現実には、その通りにせざるをえないでしょうね。一種のパワハラですが、政治的責任の問題として受けとめるほかありません。

本章のまとめ

　第5章の前半部分では、法律のなかに条例の制定を明示的に認める規定がなくても条例の制定が可能になるという理論を説明しました。法律のなかで全国一律的に適用されるべきと考えられる部分については、これは国の役割にもとづいて決定されたものなので、条例で地域特性にあわせて修正することはできません。しかし、法律を実施する自治体の事情にあわせて修正できると考えられる部分については、法律の趣旨に反しないかぎり、法律規定内容と異なる決定を条例で行い、法律の当該部分に代えて適用することは可能です。

　後半部分では、法律がまったくない場合の条例、そして、関連する法律はあるけれどもそれに加えて独立的に条例を制定する場合について説明しました。徳島市公安条例事件最高裁判決の枠組みを用いて、これら条例が「法律の範囲内」かどうかを評価します。さらに、同判決とベクトル説を踏まえて考案した枠組みに基づいて、法律実施条例が「法律の範囲内」といえるかどうかの判断基準をお示ししました。比例原則や平等原則への配慮は怠ってはなりませんが、自治体の事務と考えられるものについては、広く条例制定が認められるのです。

☆法務ドクターの法律診断⑩

条例の数

　一体、自治体では、どれくらいの数の条例が制定されているのだろうか。条例には、必要的条例と任意的条例がある。前者は、法律によって、制定が義務づけられているものであり、後者は、自治体が独自の判断で制定できるものである。必要的条例の典型例は、地方自治法4条1項「地方公共団体は、その事務所の位置を定め又はこれを変更しようとするときは、条例でこれを定めなければならない。」にもとづき制定される条例である。例えば、東京都の場合、「東京都庁の位置を定める条例」である。地方税法3条1項「地方団体は、その地方税の税目、課税客体、課税標準、税率その他賦課徴収について定をするには、当該地方団体の条例によらなければならない。」にもとづく地方税条例もそうである。

　どの自治体の条例数がもっとも少ないのだろうか。おそらく、その場合には、ほとんどが必要的条例ではないかと推測される。なかなか法則は見出しがたい。人口が少なければそうした傾向にあるとは必ずしもいえない。しかし、失礼ながら、あえて最小住民数168人（2023年1月1日住民基本台帳人口）の青ヶ島村（東京都）を見てみよう。

　青ヶ島村の例規集を見ると、「青ヶ島村事務所の位置を定める条例」（その位置は、「東京都青ヶ島村無番地」である。）をはじめとして、142ある。

　それでは、住民人口が最も多い自治体である東京都はどうだろうか。都の文書課によれば、合計595あるそうである（2023年8月現在）。

第6章
法律・条例の基本構造

〔**本章で伝えたいこと**〕

　職員が仕事をする根拠の多くは、法律や条例にある。実際には、マニュアルや先例によりつつ日々の事務をこなしているけれども、自分が何にもとづいて責任を果たしているのかを知るのは重要である。

　法律や条例には、条文数が数十か条におよぶものや百条超えのものもある。一見すると、まさにジャングルである。しかし、全体の構造や規定方法の特徴について、ある程度の「見取り図」を頭に入れておくと、理解がかなり容易になる。「誰が、誰に対して、どんなときに、どのようなことができるのか」という基本構造は、多くの条文に共通している。また、どのような流れで目的の達成が予定されているのかというイメージを持つことも大切である。このような「ミクロ・マクロ」の視点を習得しよう。

1. 全体像を把握する重要性

★全体を見て部分を知る

　自治体職員としてのあなたは、何かの法律や条例の実施を担当しているはずです。その全文を読んだことがありますか。忙しくて、とてもそんな時間はないかもしれません。また、チャレンジしようとしても、最初の条項から黙々と読んでいるだけでは、まさにジャングルに迷い込んだようで、何が何だかわからないでしょう。途中で、「もうやめた。」とイヤになってしまう方が正常です。

　法律でも条例でも、それぞれの条項のすべてに意味があります。それらが総合されて、第1条の目的規定に書かれている内容が実現されるのです。あなたの仕事は、補助金の交付決定とか義務づけ違反の是正というように、全体の一部分に関するものである場合が多いでしょう。しかし、法律の全体像を理解していることは、自分が任されている仕事を効果的に進めるためにも重要です。

★共通する仕組み

　商工系、福祉系、農業系、環境系、まちづくり系……。法律や条例は、さまざまな分野において制定されています。その規制内容はもちろん異なりますが、政策を実現しようとしているのですから、共通する仕組みもあります。これがある程度わかっていると、初めて見る法律や条例であっても、全体の仕組みの理解がスムーズになります。

　なお、「規制」というと、強制的に制約を受けるという意味と受け止めるかもしれません。前にも述べましたが、本書では、法律による関与という意味で用いています。したがって、規制の内容としては、誘導もあれば強制もあります。

2. 全体構造を分解すれば？

★総則、本則、雑則、罰則、附則

　法律でも条例でも、全体の構造には共通した仕組みがあります。まず、最初に来るのは、「総則」です。法律のなかには、編立てや章立てをして、最初の部分にこの名称を付けているものもあります。例えば、地方公務員法や地方税法の第1章は、「総則」となっています。そこに規定されるのは、法律全体に影響を及ぼす通則的な内容です。目的、定義、基本方針といったものが規定されるのが通例です。

　その次は、「本則」です。総則とは異なり、編や章の名称として「本則」が用いられることはありません。本則は、法律や条例の、まさに本体部分。権利義務規制をする中心的な内容が詰まっています。

　本則の次は、「雑則」です。「雑」というと重要性が低いように感じられますが、法律や条例を動かすためには不可欠の仕組みが規定されます。代表的なものは、立入調査や報告徴収です。例えば、廃棄物処理法では、「何人も、みだりに廃棄物を捨ててはならない。」という不法投棄禁止規定（16条）や生活環境保全上の支障対応の原状回復命令の規定（19条の5）が、雑則に置かれています。

　雑則の次は「罰則」です。この規定があるかぎりにおいて、警察の出番となります。不法投棄禁止に違反すれば、「5年以下の懲役若しくは1,000万円以下の罰金」（25条1項）に処されます。

　そして、最後が「附則」です。法律や条例の施行日を規定するのが典型的ですが、ほかの法令との調整規定が置かれることもあります。

　法律や条例によっては、こうした名称が章に付されているものも

ありますが、そうなっていないものもあります。しかし、個々の条文は、どれかの枠組みに分けられます。

★パーツから見た構造

　法律や条例に規定される個々の条文には、それぞれの役割があります。何のために規定されているのか。そこには、ある程度の共通のパターンがあります。[図表6.1]を見てください。すべての法律や条例がこうしたパーツを備えているのではありませんが、こうした仕組みを理解しておくと、法律や条例がどのように作動するのかという流れがわかるようになります。以下では、それぞれについて、簡単に説明しましょう。

■［図表6.1］法律や条例の構造

```
１．目的と戦略
　(1)目的
　(2)規制の方針・戦略・計画
２．規制対象
　(1)定義
　(2)範囲（規制対象行為、規制対象企業、規制項目）
３．規制内容
　(1)目標基準
　(2)規制基準
　(3)義務づけ
４．規制の仕組み
　(1)事前個別チェック方法（許可制）
　(2)誘導方法（情報、金銭）
　(3)義務違反の是正手法（行政指導、措置命令）
　(4)義務履行を推進する事業手法（指定法人、基金）
　(5)義務違反に対するサンクション手法（罰則、許可取消し、公表）
　(6)行政による代替的実現（代執行、即時執行）
```

☆法務ドクターの法律診断⑪

附則による条例の強殺

　附則は、まさに「付け足し」なのであるが、規定される内容には、強烈な効力を持つものもある。条例対応が先行した領域において、後から法律が制定された場合、法律は、条例の効力を部分的になくしてしまうことさえ可能である。

　例をあげよう。1980年代に、いわゆる青少年保護条例のなかに、未成年者との性行為を刑罰の担保のもとに禁止する規定が設けられる例が増えた。成年男子が未成年女子にお小遣いを渡して性行為をする「援助交際」が社会問題となったためである。

　自治体におけるこうした流れに反応して、議員立法として、1999年に、「児童買春、児童ポルノに係る行為等の規制及び処罰並びに児童の保護等に関する法律」が制定された。そして、同法は、附則2条1項において、「地方公共団体の条例の規定で、この法律で規制する行為を処罰する旨を定めているものの当該行為に係る部分については、この法律の施行と同時に、その効力を失うものとする。」としたのである。

　その結果、援助交際を処罰する条例の規定は無効となるため、自治体は、関係規定を削除するなどの対応をしなければならなくなった。なお、同法が禁止する児童買春とは、「対償を供与し、又はその供与の約束をして、…性交等を…すること」であり、「無償の」行為は禁止されない。それについては、条例規定が生きている。

3. 法律の目的と実現のための戦略

★方向の提示

　個別法律には、公衆浴場法のように、目的規定を持たないものはありますが、きわめて例外的です。ほとんどの場合、法律や条例の第1条には、「目的」という見出しが付されています。そこでは、何を目指して、何に配慮して、立法がされたのかが述べられます。立法者の命令を受けて法律や条例を実施する責任を負う行政にとっては、仕事の方向が示されるのですから、重要な部分です。立法者は政治家です。このため、調整の結果として制定される法律や条例も、政治的色彩から逃れられません。「行政」とは、「政治的決定を現場で実施する」ことです（◀14頁）。

　例えば、生活保護法1条は、「この法律は、日本国憲法第25条に規定する理念に基き、国が生活に困窮するすべての国民に対し、その困窮の程度に応じ、必要な保護を行い、その最低限度の生活を保障するとともに、その自立を助長することを目的とする。」と規定します。生存権を保障する憲法25条を具体化するためにこの法律が制定されたことがわかります（◀9頁）。さらに、それだけではなく、「自立を助長」という部分からは、憲法13条が規定する個人の尊厳の実現という方針も確認できます。

★方針の提示

　目的の実現は、行政に委ねられます。しかし、「マル投げ」というわけではなく、ある程度の具体的な考慮事項が示される場合があります。生活保護法でいえば、「第2章　保護の原則」として、「申請保護の原則」（7条）、「基準及び程度の原則」（8条）、「必要即応

の原則」（9条）、「世帯単位の原則」（10条）が明記されています。これらは、行政の具体的処分の適法性を評価する基準にもなります。

　さらにそれに即した具体的判断が求められる場合があります。それは、方針や計画の策定を行政に命ずることによりなされます。例えば、廃棄物処理法は、環境大臣に対して6項目の基本方針の作成を命じていますが（5条の2）、都道府県は、それに即して廃棄物処理計画を定めなければなりません（5条の5）。立法者は、行政を通じて、自らの立法意図を住民に知らせているのです。

4. 規制する対象は？

★言葉の定義をする

　法律や条例は、言葉を用いて関係者にメッセージを伝えます。これらを作動させるためのまさにキーワードとなる言葉をどのような意味で用いるのかは、きわめて重要です。このため、総則のなかでは、「定義」と題する条文が置かれ、そこで意味の確定がされます。

　もっとも、解釈の余地がないほどに明確な規定がされることは、ほとんどありません。このため、法律や条例を適用する行政にとっても、その規制を受ける住民・事業者にとっても、不明確な状態が残らざるをえません。法律であれば、所管省庁が自らの解釈を示しますが、所詮は行政による解釈であり、あくまで「ひとつの解釈」にすぎません。最終的には、裁判所がどのように判断するかを待つしかないという不安定さがつきまといます。

　法律においては、定義規定は第2条に置かれる場合が多いようです。しかし、そこばかりではありません。本則中の条文のなかに設けられることもあります。例えば、一定の内容を規定しておいて、

そのあとに、カッコを設けて、（以下「……」という。）というような表記がされるのです。条文を読んでいて、見慣れない単語に出くわしたときには、第2条をみるか、その条文の前の部分を遡って斜め読みすることで定義規定を見つけ、そこで、意味を確認することができます。

★規制範囲を確定する

　定義規定は設けるものの、具体的内容はそこでは決めず、その範囲の確定を政令（内閣法制局の審査を受けたうえで、内閣（実際は、所管省）が定める）や省令（所管省が定め、内閣法制局審査はない）に委ねる場合もあります。条例では、施行規則に委ねます。悪臭防止法を見てみましょう（下線筆者）。

> ■悪臭防止法2条1項　この法律において「特定悪臭物質」とは、アンモニア、メチルメルカプタンその他の不快なにおいの原因となり、生活環境を損なうおそれのある物質であつて政令で定めるものをいう。

　下線部でいう政令とは、悪臭防止法施行令です。その第1条には、アンモニア、メチルメルカプタンを含む22種類の物質が列挙されています。「不快なにおいの原因となり、生活環境を損なうおそれのある物質」であれば、将来、もっと追加されるかもしれません。

　対象となる施設が規定される場合、規模にかかわらず対象にするのか一定規模以上のものにかぎるのかという選択があります。一定規模以上のものだけを対象にする場合には、法律や条例では最終的に決めずに、施行令や施行規則に規模の決定を委ねます。「裾切り」と称される対応でしたね。例えば、水質汚濁防止法のもとで海や河川などに直接排水をする規制対象施設を、同法2条2項は、特定施設と定義します。しかし、そこには具体的名称はなく、「政令で定

121

☆法務ドクターの法律診断⑫

定義の「解釈の解釈」

　あるものが定義に該当すれば、犯罪が成立する。このような場合、定義規定の文言の扱いには、緊張感が走る。

　ひとつの例が、先にあげた廃棄物処理法16条である。同法2条1項は、「廃棄物」を「不要物」と定義するだけである。

　実務では、さまざまな問題が起こる。「私はそれをいずれ使うから不要物ではない。」といわれてしまえば、いかに管理状態が劣悪で有害物質が流出していたとしても、廃棄物処理法のもとでは、行政は手も足も出せないのだろうか。そのような言い分に反論できずに放置し、「不要物でないもの」の堆積量がすさまじいまでになってはじめて、「実は、廃棄物でした。」と行政が認めた情けない事例もある。

　占有者の言い分をまったく無視するわけにはいかないにしても、これを絶対視もできない。そこで、廃棄物処理法を所管する環境省は、「総合判断説」と呼ばれる解釈指針を示している。要するに、①性状、②排出状況、③通常の取扱い形態、④取引価値の有無、⑤占有者の意思などを総合的に勘案して判断せよというのである。

　最高裁は、「おから事件」において、こうした解釈を基本的に肯定し、それを解釈・適用して、廃棄物処理法の許可を得ずにおからを運んでいた業者を有罪とした高裁判決を支持した（最二小決平成11年3月10日判時1672号156頁）。最高裁の判断がされたのであるから、一応は決着がついた。しかし、具体的事件における適用に当たっては、不確定な部分が多いのも事実である。

めるものをいう。」として、水質汚濁防止法施行令に全面的に委任しています。施行令を見ると、「空きびん卸売業の用に供する自動式洗びん施設」のように裾切りがないものもありますが、有害物質を排水しないお蕎麦屋さんの厨房施設の場合には、お店の総床面積が630㎡未満であれば、特定施設に該当しないのです（←88頁）。その結果、少なくとも水質汚濁防止法の規制からは、まったくフリーになります。

5. 規制する内容は？

★人の意思決定に影響を与える

　当然のことですが、現状が満足できるような状態であれば、法律や条例をわざわざ制定する必要はありません。何か足りないものがあると立法者が政治的に判断したからこそ、行政に命じて、一定の活動をさせるのです。

　その活動の対象は、住民・事業者です。法律によって内容は異なりますが、社会における今の状態を継続しているのでは「よくない」と立法判断がされ、それを変えるためのアプローチが法律や条例に規定されます。法律や条例がしようとしているのは、規制対象となる人の意思決定に影響を与えて、立法者が望ましいと考える方向に行動してもらうことなのです。

★抑えたり与えたり
○財産権の場合

　第1章では、財産権と生存権を例にして、法律の意味を説明しました（←7頁）。本章でも、この例を念頭に置きます。

憲法29条１項で保障される財産権ですが、周りの迷惑をかえりみずに行使すると、社会的にまずい状態が発生しました。例えば、無秩序な街並みや魚が棲まなくなるほどに汚れた河川です。そこで、秩序ある街並みの形成や魚が棲めるくらいにきれいな河川であるという「公共の福祉」を実現するべく、財産権に法的制約が加えられたのでした。「100の権利を70に抑え込む」と表現したのを覚えていますか（←8頁）。

○生存権の場合

憲法25条が保障する生存権はどうでしょうか。「健康で文化的な最低限度の生活」とは、抽象的な概念ですが、とにかく、それすら実現できていない国民（外国人については制度が複雑ですので、ここでは触れないでおきます。）については、本人からの申請を踏まえて、必要な給付をします。「100の権利が70で確定される」のでした（←9頁）。

★そのために必要なこと

建築物の建設や工場の操業の場合、「どこまでやってもいいのか」が規制基準として定められます。「70」の具体的内容です。「○m」だったり、「○mg/ℓ」だったりです。技術的な内容になりますので、議会の決定である法律や条例ではなく、行政の決定である政省令や施行規則で規定されます。行政の専門性に委ねているのです。そして、その遵守を義務づけます。

もっとも、それでうまくいくわけではありません。次に説明するように、違反に対する措置は規定されるのですが、どこに規制対象者が存在するのかを行政が把握し、何が遵守内容なのかを規制対象者に認識させる手続が必要です。行政が追いかけていくのではなく、行政に寄ってこさせるのです。

　許可制や届出制といった制度は、耳にしたことがありますね。ご自身が担当かもしれません。住民や事業者がある行為をしようとする場合に、一定の情報を行政に持ってこさせ、上述の規制基準や、施設に関する基準、個人・法人に関する基準などに適合しているかどうかを、事前に個別的にチェックするのです。70を守れる能力があると個別に認められてはじめて、その行為が適法にできます。

　生活保護のような給付系の行政においても、基本的には同じです。個々の国民に権利がありますから、自分の生活状況が劣悪だと思えば、生活保護の申請をします。もちろん主観的判断だけで給付が認められるのではありません。実質的には、厚生労働省が編集している『生活保護のてびき』（第一法規）に詳しいですが、そこに規定される基準に照らして個人の事情が評価され、給付をするかしないか、するとしてどの程度にするかが個別に決定されるのです。

　申請をする側にとっては、行政の判断基準が何かが重要です。第3章で説明しましたが、この手続は、行政手続法のもとでの「申請に対する処分」ですから、決定をする行政は、実際に判断に用いる基準（＝審査基準）を作成し、求めに応じて開示しなければなりません（5条）（←53頁）。

★誘導手法

　義務づけるだけでは、なかなかその方向に動けません。このため、法律や条例の実施において、「アメ」が用意される場合があります。誘導手法です。これには、金銭を用いるものとそうでないものがあります。

　金銭を用いる手段の代表例は、補助金です。そのほかにも、低利融資や公共契約における優遇などもあります。金銭を用いない手段の代表例は、表彰です。

6. 違反にどう対応する？

★人の気持ちはどう動く？

　許可を得たり届出をすませたりすれば、規制対象行為が適法にできます。給付決定がされれば、必要な保護費が支給されます。申請する側とすれば、自分にとっていい結果がほしいですから、それまでは「いい子」にしているはずです。ところが、「もらってしまえばこちらのもの」というわけではないですが、継続して遵守しなければならない基準に違反してしまうこともあります。うっかりミスによる場合もあれば、故意による場合もあるでしょう。違反というのは、70しか認められないのに80の行使をしている状態ですから、きちんとまもっている多くの人との関係でも、これを70に是正させる必要があります。［図表1.2］（⬅13頁）の③です。

　申請に対する処分の場合には、申請する側から情報が行政に提供されます。ところが、違反是正の場合には、違反者がわざわざ自分に不利になる情報を提供するはずがありません。隠そうとしたり虚偽の報告をしたりするインセンティブが働きます。そうした心情を踏まえつつ、法律や条例では、いろいろな対応方法が規定されます。

★違反の是正と強制
○70にするための行政指導と命令

　80になっていることが判明したときの行政の仕事は、それを70に戻すことです。そのための手段は、法律に規定されています。違反があるといっても、通常は、ソフトなアプローチから始めますね。そうです。とりあえず行政指導をするのです。

　第3章で説明したように、行政指導には法的拘束力がありません

でした（←62頁）。従わないことを理由に不利益を課すことはできないのです。そこで、行政指導ではうまくいかなかったときのために、次の手を用意する必要があります。法的拘束力を持つ命令です。これは、行政手続法上の「不利益処分」に当たります。浄化槽法の仕組みを見てみましょう（下線筆者）。

■浄化槽法７条の２　第１項（略）

２　都道府県知事は、浄化槽管理者が前条第１項の規定を遵守していないと認める場合において、生活環境の保全及び公衆衛生上必要があると認めるときは、当該浄化槽管理者に対し、相当の期限を定めて、同項の水質に関する検査を受けるべき旨の<u>勧告</u>をすることができる。

３　都道府県知事は、前項の規定による勧告を受けた浄化槽管理者が、正当な理由がなくてその勧告に係る措置をとらなかったときは、当該浄化槽管理者に対し、相当の期限を定めて、その勧告に係る措置をとるべきことを<u>命ずる</u>ことができる。

○浄化槽法の仕組み

　浄化槽法７条の２第２項の条文からは、浄化槽管理者は、「前条第１項の規定を遵守する義務」があることがわかります。具体的には、水質検査の受検義務です。これをしていない場合には、下線部の「勧告」がされます。勧告の法的性質は、行政指導です。そこで、これが従われなかった場合には、「次の手」として、下線部の「命令」が発出されます。

　浄化槽法７条の２第３項命令の内容は、検査の受検でした。法律や条例によっては、その目的の実現のために、さまざまな命令内容が規定されます。営業停止命令は、その期間内に違反再発防止措置が講じられることを期待しています。改善命令や除却命令は、違法部分が解消されることを期待しています。

○行政代執行

　あるべき状態に戻したいためにする命令ですが、従われなければどうなるのでしょうか。次に見るように、刑罰を科すという手もありますが、それをしたとしても、問題のある状況に変化はないかもしれません。本人にやる気がない場合もあるし、やる気があっても資力がない場合もあるでしょう。いずれにしても、その状況を放置しておくのでは、公共の福祉にとって重大な影響を与えますから、何とかして是正をしなければなりません。

　その責任は、行政にあります。一定の場合に、本人に代わってすることができます。もっとも、代替可能な内容の命令でなければならないのは当然です。営業停止命令や健康診断受診命令のように、本人がしなければ意味がない命令について行政が代わって実現ができないのは当然ですね。

　行政代執行については、行政代執行法が一般法として制定されています。中心的な条文をみておきましょう（下線筆者）。

> ■行政代執行法2条　法律（法律の委任に基く命令、規則及び条例を含む。以下同じ。）により直接に命ぜられ、又は法律に基き行政庁により命ぜられた行為（他人が代つてなすことのできる行為に限る。）について義務者がこれを履行しない場合、他の手段によつてその履行を確保することが困難であり、且つその不履行を放置することが著しく公益に反すると認められるときは、当該行政庁は、自ら義務者のなすべき行為をなし、又は第三者をしてこれをなさしめ、その費用を義務者から徴収することができる。

　下線部は、「代替的作為義務」と称されるものです。建物の除却や放置物の撤去の命令などがこれに当たります。条例に根拠を有する命令であっても、行政代執行法が使えます。名張市は、「名張市あき地の雑草等の除去に関する条例」のもとで草刈り命令を発し、

不履行があったために草刈りの代執行をしています。

　費用は、命令を受けた者に請求されます。任意の支払いがないと国税滞納処分の例によって、資産の差押・公売をして回収します。

★違反に対するサンクション（制裁）
○刑事的と非刑事的

　法律や条例がある行為を法的に義務づけている場合において、それをしなかった者に対しては、大きく分けて2つの対応が規定されるのが通例です。それは、刑事的対応と非刑事的対応です。これは、現在は遵守状態に回復しているかどうかとは別に、過去に違反をしたという事実に対するものです。

○罰金、懲役

　刑事的サンクションの代表例は、刑罰です。法的義務違反を犯罪として、その刑事責任を問うのです。刑法9条は、刑の種類を「死刑、懲役、禁錮、罰金、拘留及び科料を主刑とし、没収を付加刑とする。」と規定します（2025年以降は、懲役と禁錮が「拘禁刑」となる）。自治体が関係する法律や条例で規定されるのは、ほとんどが懲役と罰金です。

　なお、金銭を賦課する罰則として、過料があります。これは、秩序罰というカテゴリーに整理されます。「罰」というのですが、刑事責任を問うものではありません。

○直罰制と命令前置制

　刑罰が科されるルートには、2種類あります。第1は、義務が規定された法律や条例そのものに違反したことに対して科すものです。直接に刑罰を適用するために、「直罰制」と称されます。第2は、不利益処分として発出された命令（＝法的拘束力があります。）

に違反したことに対して科すものです。「命令前置制」と呼ばれます。議会からの直接の義務づけの違反か、議会の委任を受けた行政の（議会からみれば間接の）義務づけの違反か、の違いです。［図表6.2］のようなイメージです。

■［図表6.2］直罰制と命令前置制

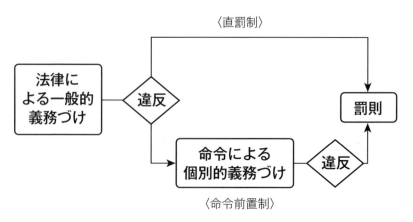

　ひとつの法律や条例に、この両者が規定される場合が少なくありません。本章の冒頭で、廃棄物処理法16条と19条の５を見ました。16条は不法投棄の禁止を規定し、19条の５は原状回復命令を規定します。それぞれの違反に対して、16条は直罰制、19条の５は命令前置制となっています。関係条文は、以下のとおりです（下線筆者）。

■廃棄物処理法25条１項　次の各号のいずれかに該当する者は、５年以下の懲役若しくは千万円以下の罰金に処し、又はこれを併科する。

5　　第７条の３、第14条の３……、第19条の４第１項、第19条の４の２第１項、<u>第19条の５第１項……又は第19条の６第１項の規定による命令に違反した</u>者

14　<u>第16条の規定に違反して、廃棄物を捨てた</u>者

25条１項５号が命令前置制、14号が直罰制です。命令前置制の場合には、下線部のように、「……の規定による命令に違反した者」と規定されます。これに対して、直罰制の場合には、下線部のように、「……の規定に違反して」と規定されます。

　懲役や罰金は刑事罰ですから、適用に当たっては、刑事訴訟法の手続によることになります。典型的には、内偵あるいは行政からの告発を踏まえて警察が捜査をして検察に事案を送致し、検事が裁判所に起訴して、刑を決定する判決が下されるのです。行政が告発する場合はもちろんですが、そうでなくても、行政が関係する法律のもとでの犯罪の場合には、法令の解釈や事実関係などに関して、行政職員が警察の事情聴取を受けることになります。

○許可取消し

　非刑事的サンクションの代表例は、許可取消しです。許可制のもとで許可を得ていることが前提になります。許可があって初めて適法に活動できるのですから、それを剥奪するというのは、事業者にとっては死刑判決と同じです。

　取消しは、行政手続法のもとでの不利益処分です。インパクトが大きいために、それをするに当たっては、相手方の言い分を直接に聴取する「聴聞」が原則となっています（13条１項１号）（←59頁）。

○違反事実の公表

　伝統的には、法的拘束力がある命令の履行確保のためには、刑罰を用意するだけでした。これに対して、最近の法律や条例に顕著なのは、違反事実を一般的に公表するという手法が規定されることです。「違反」については、法律や条例により直接に課された義務の不履行の場合と、そのもとで個別的に発出された命令の不履行の場合があります。

　自己にとって不利益な情報をマーケットに流されるのですから、とりわけ事業活動をする人にとっては、影響が大きいでしょう。もちろん、いきなり公表するのではなく、事前手続がとられますが、影響をおそれて命令を受ける前に自主的に対応する場合も多いと思われます。

本章のまとめ

　行政職員の仕事の根拠は法律や条例にありますが、仕事が細分化されているのが通例であるため、業務上行っているのは、そのごく一部にすぎません。しかし、そうであっても、あなたの仕事は、法律や条例という大きな枠組みのもとにあるのです。目的規定や基本指針といった根幹的部分を読むことにより、自分が担当する仕事の意味を確認しましょう。住民の福祉の向上のための仕事をしているのですが、それはどういう意味においてなのかが何となくわかれば、より意欲をもって取り組めるのではないでしょうか。

　本章で説明したのは、「型・形（カタ）」のようなものです。全体像を何となく把握しておけば、異動をして新しい法律や条例とつきあうことになっても、住民をどのように動かそうとしているのかというシナリオをイメージできます。そうしたトレーニングを積むことによって、自分が制度設計を担当する際に、効果的な仕組みがつくれるようになるのです。

☆法務ドクターの法律診断⑬

東京消防庁違反対象物公表制度

　唯一都道府県が持つ消防組織として約1.8万人の人員を要する東京消防庁であるが、その管轄区域内にある防火対象物は、ハンパな数ではない。違反もそれなりに多い。

　東京消防庁は、2011年から、「違反対象物の公表制度」を実施している。消防法および東京都火災予防条例のもとで、①消防用設備等のうち屋内消火栓設備、スプリンクラー設備または自動火災報知機設備に関する設置義務違反、②防火管理者の選任義務がある建物のうち遊技場、性風俗店、カラオケ施設もしくは飲食店または雑居ビル等における、同一の関係者による防火管理もしくは消防用施設等の維持管理等の繰り返し違反、について、対象者に通知してから一定期間経過後においてなお違反状態が認められる場合において、建物名称、所在、違反内容を、ウェブサイトで公表するのである。東京消防庁のサイトをみると、相当の数の公表例がある（http://www.tfd.metro.tokyo.lg.jp/kk/ihan/index.html）。

　いったん公表されると、消防署職員に来てもらって改善を確認してもらわないかぎり、サイトからは消えない。事業者が行政に立入検査をわざわざお願いするというのは、一般にはありえない。興味深い運用である。なお、この法的根拠は、東京都火災予防条例64条の３にある。東京消防庁が条例によって創設した、独自の法政策対応である。

第7章
条例に法律を取り込む

〔**本章で伝えたいこと**〕

　自治体行政に対しては、さまざまな地域課題の解決が求められる。法律を適用して応答できるものもあれば、対応策を最初から考えなければならないものもある。法律では対応できない課題に関して、行政からの働きかけが住民・事業者の法的権利・利益に影響を与える場合には、議会の議決にかかる条例の根拠が必要になる。条例は、自治体の最高の意思決定形式であるから、自治体にとって重要なことがらの決定にも、条例が用いられる。

　これまで自治体は、憲法94条により与えられた条例制定権を駆使して、多くの条例を制定してきた。法律にリンクする法律実施条例もあれば、そうではない独立条例もある。いずれも、「条例が必要」と自治体が判断した結果である。現在、注目されるのは、空家法への条例対応である。ひとつの条例のなかで、リンク型と非リンク型が共存している。条例を通じた地域特性適合対応の最前線を探索しよう。

1. 空家法と空き家条例の関係とは？

★条例を参考にした法律

　第4章では、法律により自治体の事務が規定されている場合に、その内容を地域特性に適合するようにカスタマイズする条例について説明しました。本章では、空家法を素材にして、その実施に当たり、市町村が制定をしている空き家条例の説明をします。

　空家法は、2014年11月に、議員提案の法律として制定されました。制定に先立つ3年ほどの間に、市区町村（以下、本章において「市町村」といいます。）において、400ほどの空き家条例が制定されていました。空き家対策に特化した法律は、その当時にはありませんでしたから、こうした条例は、独立条例です。そこでは、それぞれの市町村が、自分たちの地域事情にあった仕組みを法制化していたのです。

　空家法は、先輩格である空き家条例を大いに参考にして制度設計されました。このため、空家法が制定されたときに、「ほとんどダブっている」という理由で、制定していた空き家条例を廃止した市町村もあります。

★二重規制の出現

　ところが、廃止しない市町村においては、同一の対象に関して、空き家条例と空家法の2つの法的ルールが適用される結果になりました。市町村にとっては、図らずも二重規制状態が発生したのです。

　それなりの数の条例が先行しているのですから、あとから制定される法律は、それらをなるべく活かすようにするといった配慮をしてよさそうです。しかし、空家法は、一切それをしていません。条例を通じて空き家行政を進めている市町村現場に無遠慮に舞い降り

た。これが空家法です。

　一方、空き家条例を制定していなかった市町村のなかには、空家法を実施するに当たって、それだけでは地域課題への対応に十分ではないと考えるところが出てくるようになりました。空家法で規定されるのは、市町村の事務です。また、空き家対策を地域において進めるのは、国の役割でも都道府県の役割でもなく、市町村の役割です。そこで、空家法成立後に、条例を新たに制定する市町村が増えてきました。空家法以前から条例を制定していた市町村のなかには、それを全部改正なり一部改正して、二重規制を回避しつつ、空家法と一緒に運用しようというところも出てきています。

　そこでは、どのような発想に基づいてどのような仕組みが規定されているのでしょうか。これまでに説明してきた内容を踏まえつつ、創意工夫あふれる市町村空き家行政の現場をのぞいてみましょう。

　空家法は、2023年6月に改正されました。空き家条例の内容を吸収した部分もあるため、新たに二重行政が発生します。改正法への対応も含めて説明しましょう。なお、改正法の施行を受けての空き家条例改正をしていない市町村が多いため、現在の条例で引用されている空家法の条文は、改正法のそれではない可能性がある点に注意しましょう。

2. 空き家問題の構図とは？

★憲法29条と建築基準法

　第1章で、憲法との関係で建築基準法を説明しました（←12頁）。憲法29条1項が保障する財産権ですが、同条2項は、その内容は公共の福祉に適合するように法律で定めると規定します。建築基準法

の場合、1条の目的規定にあるように、「建築物の敷地、構造、設備及び用途に関する最低の基準を定めて、国民の生命、健康及び財産の保護を図〔る〕」ことにより実現されるものが、「公共の福祉」の具体的内容です。逆にいえば、建築基準法が規定するさまざまな規制は、「公共の福祉」を実現するために設けられているのです。

　建築基準法の基本的概念は、「建築物」です。内容は多様ですが、居住用の建築物である住宅は、その中心的なものです。居住者の安全性を確保するために多くの基準があり、それを充たさないかぎりは建築が認められません。計画されている建築物の基準適合性を個別にチェックするのが、建築確認という仕組みです。

★基準違反とそれによる危険の発生

　住宅に住む私たちは、部屋の中は掃除しますし、庭もそれなりにはきれいにします。しかし、専門家ではありませんから、屋根裏がどうなっているかとか柱が腐っていないかというように目に見えない部分についてまでは、なかなか注意を払いません。建築基準法8条1項は、「建築物の所有者、管理者又は占有者は、その建築物の敷地、構造及び建築設備を常時適法な状態に維持するように努めなければならない。」と規定しています。「努めなければならない。」というのは、要するに、「頑張りましょう！」ということです。結果ではなく手続が要求されているといえます。無関心であってはならないけれども、法的に義務づけるほどではないという判断がされているのです。住宅の管理については、確かにこの程度で十分です。努力義務を定める規定は、訓示規定と称されます。

　もっとも、建築物をめぐる状況次第では、居住者や所有者の認識とは関係なく、劣化が進行する場合があります。住んでいれば、変化に気づきます。雨漏りがすれば、屋根を修理するでしょう。これに対して、誰も住まなくなった空き家の場合はどうでしょうか。変

化に気づく人がいませんので、劣化は加速度的に進行します。風雪雨にさらされて、屋根が落ちたり壁に穴が空いたりします。また、庭の手入れもされませんから、樹木や雑草が伸び放題というジャングル屋敷状態にもなります。

居住者はいませんから、その人への配慮は不要です。しかし、万が一道路側に倒壊するとなれば、歩行者や通行車両に被害を与える可能性があります。近所の子ども達の「お化け屋敷探検」の格好の遊び場所になっている場合、建材が一挙に崩落すると、大惨事になりかねません。

★権限を与えられた行政の対応の実情

屋根が落ちたり壁に穴が空いたりというのは、建築基準法に規定される基準の違反状態です。所有者等は、結果的に、先に見た同法8条1項の努力義務を怠っています。こうした危険な状態を放置することはできません。

建築基準法の規制権限は、「特定行政庁」という機関に与えられています。ここでは、基本的に、人口25万人以上の市町村の長、それ以外の市町村の場合は都道府県知事がこれにあたります。実際には、そうした自治体の「建築指導課」と考えてください。

崩れかかっているような住宅に対して、特定行政庁は何ができるのでしょうか。同法は、次のように規定します。

■建築基準法10条3項
……特定行政庁は、建築物の敷地、構造又は建築設備（…の規定又はこれに基づく命令若しくは条例の規定の適用を受けないものに限る。）が著しく保安上危険であり、又は著しく衛生上有害であると認める場合においては、当該建築物又はその敷地の所有者、管理者又は占有者に対して、相当の猶予期限を付けて、当該建築物の除却、移転、改築、増築、修繕、模様替、使用禁止、使用制限その他保安上又は衛生上必要な措置をとることを命ずることができる。

　違反の是正の仕組みについては、第6章で説明しました。この命令は、第3章で説明した行政手続法のもとでの「不利益処分」となります（◀58頁）。

　屋根が落ちて壁に穴が空き、しかも、道路側に傾いてきているとなると、「著しく保安上危険」ですから、特定行政庁は、さっさとこの命令を出して危険状態を是正すればよいはずです。ところが、そうはなっていなかったのが実態でした。

　なぜでしょうか。私は、特定行政庁のいくつかに、その理由をヒアリングしたことがあります。語られた内容を整理すると、おおよそ次のようになります。

① 　命令は「著しく保安上危険」な状態を是正するのに必要十分な内容にしかできないが、それをしてもすぐに「著しい」状態に戻ってしまうため、そのようにしかならない命令は出せない。

② 　命令を出して従われないと行政代執行になるが、代執行費用が回収できない見込みの場合、内部監査で指摘され続けることになるため、組織にとって不名誉であるから避けたい。

③ 　「命ずることができる」と規定され、「命じなければならない」とは規定されていないから、必ず出さなければならないわけではない。

④ 　建築職は、建築物を建築するとか改築するとかの「前向き」の仕事には熱心だが、除却するといった「後ろ向きの仕事」には力が入らない。

⑤ 　命令をした前例がない。

　「やらない理由」のひねり出しは、社会のあらゆる場面で目にしますが、それを目の当たりにしたようです。また、小規模の市町村には特定行政庁はなく、都道府県知事が対応します。ところが、都道府県の建築行政は、事業所ならまだしも、市町村内の一般住宅に

対してあれこれ指導したりするのは市町村の役割と考える傾向があります。権限があるのは明白なのですが、自分の仕事と認識していないのです。いずれにしても、およそ住民に対して正々堂々と説明できる理由ではありませんね。

★新たな権限を自分でつくるしかない

人が居住していない空き家といっても、誰かの財産です。行政が勝手に立ち入ることはできませんし、勝手に除却をすることもできません。第3章で見たように、行政指導をするにはとくに法律や条例の根拠は必要ありませんが（←62頁）、「何を根拠にそんなことをいうのか。」と住民に迫られれば、何かを示す必要があります。

そうしたことから、条例を制定する市町村が現れるようになりました。空き家対策のみを規定するものとしては、2010年7月に制定された「所沢市空き家等の適正管理に関する条例」が第1号です。この所沢市条例以降、まさに燎原の火のごとく、空き家条例は市町村に伝播しました。①適正管理の義務づけ、②空き家調査（外観、立入り）、③助言・指導、④勧告、⑤命令、⑥代執行、⑦即時執行というのが、基本的な構造です。

3. 空家法とその構造

★空き家条例の制定と空家法への展開

先に見たように、こうした空き家条例は、2014年ごろには、400近く制定されていました（←137頁）。市町村は、空き家問題にはそれなりに頭を痛めており、所沢市条例制定の報に接して条例化を決断した様子が見てとれます。もっとも、東京都特別区23を含む市町

村の数は1,741ですから、約23％というのはそれほどでもないという見方もできます。必要なところは条例化をし、そうでないところはそこまではしないという状況であったというのが、おそらくは適切な観察でしょう。

　市町村のなかには、「国が法律を」という思いを抱いていたところもあり、関係行政機関には、陳情もされていました。その主たる対象は、国土交通省でしたが、同省は、前述の建築基準法10条３項を使えば対応できるという立場でしたので、新法制定には否定的だったようです。

　そこで、政治家が立ち上がります。2013年３月に、自由民主党に「空き家問題対策議員連盟」が設置され、議員立法を目指して活動を開始したのです。2014年11月19日に、空家法が成立しました。すべての市町村に事務の実施を義務づけたのです。

★空家法の仕組み

　制定時において全文16か条の空家法の仕組みは、先行して制定されていた市町村条例およびその運用の経験を大いに参考にしています。重要なのは、目的です。空家法の目的規定は、以下のとおりです。

■空家法１条
　この法律は、適切な管理が行われていない空家等が防災、衛生、景観等の地域住民の生活環境に深刻な影響を及ぼしていることに鑑み、地域住民の生命、身体又は財産を保護するとともに、その生活環境の保全を図り、あわせて空家等の活用を促進するため、空家等に関する施策に関し、国による基本指針の策定、市町村（特別区を含む。……）による空家等対策計画の作成その他の空家等に関する施策を推進するために必要な事項を定めることにより、空家等に関する施策を総合的かつ計画的に推進し、もって公共の福祉の増進と地域の振興に寄与することを目的とする。

　空家法の規制対象は、「空家等」「特定空家等」です。同法は、こ
れらを以下のように定義しています。

■空家法２条１項
　この法律において「空家等」とは、建築物又はこれに附属する工作
物であって居住その他の使用がなされていないことが常態であるもの
及びその敷地（立木その他の土地に定着する物を含む。）をいう。た
だし、国又は地方公共団体が所有し、又は管理するものを除く。

■空家法２条２項
　この法律において「特定空家等」とは、そのまま放置すれば倒壊等
著しく保安上危険となるおそれのある状態又は著しく衛生上有害とな
るおそれのある状態、適切な管理が行われていないことにより著しく
景観を損なっている状態その他周辺の生活環境の保全を図るために放
置することが不適切である状態にあると認められる空家等をいう。

　おおむね通年にわたって使用がされていない家屋およびその敷地
が「空家等」です。これは、使用状況だけによる評価です。それが「特
定空家等」となるのは、その状態が悪化しているときです。空家法
２条２項にあるように、具体的には、①著しく保安上危険となるお
それ、②著しく衛生上有害となるおそれ、③著しく景観を損なって
いる、④周辺の生活環境保全上放置することが不適切、このいずれか
の状態になれば、当該空家等は「特定空家等」となります。建築基
準法10条３項の要件と比較してください（⬅140頁）。①と②には「お
それ」という文言が入っているように、未然防止的に対応していま
す。特定空家等かどうかは客観的に決まるのであって個別の認定作
業は不要というのが、空家法の前提です。

　特定空家等となれば、助言・指導、勧告、命令、代執行（緩和代執行、
略式代執行）、罰則（過料）などがされます。法律の実施の指針とな

る空家等対策計画を作成したり、法律の実施にあたっての重要な決定をする協議会を設置したりできるとも規定しています。

★空家法の2023年改正

空家法は、2023年6月に改正されました。全文30か条になり、新たに章立てもされました。[図表7.1]をご覧ください。第3章、第4章、第6章部分が充実しています。

■ [図表7.1] 空家法の全体構造

第1章	総則（1～8条）	第5章	特定空家等に対する措置（22条）
第2章	空家等の調査 （9～11条）	第6章	空家等管理活用支援法人（23～28条）
第3章	空家等の適切な管理に 係る措置（12～14条）	第7章	雑則（29条）
第4章	空家等の活用に係る 措置（15～21条）	第8章 附則	罰則（30条）

★法律モデルとの関係での整理

[図表6.1]（←117頁）との関係で、空家法の条文を整理しておきましょう。目的は、1条にあります。規制の方針・戦略・計画に関する規定としては、基本指針を規定する6条や空家等対策計画を規定する7条があります。規制対象については、定義規定の2条があります。空家等や特定空家等の調査手法としては、立入調査等を規定する9条や関係情報利用等を規定する10条があります。11条や12条は、誘導手法です。13～14条、16条、17～22条は、状態の是正と強制手法です。その中心は、特定空家等の所有者等に対する助言・指導、勧告、命令、代執行などを規定する22条です。市町村がＮＰＯ法人等を空家等管理活用支援法人に指定して市町村や空家等所有者のサポートを規定する23～28条は事業手法です。30条はサンクション（制裁）手法ですね。

☆法務ドクターの法律診断⑭

法律に規定される過料と
条例に規定される過料

　空家法30条は、罰則として過料を規定する。空き家条例のなかにも、義務履行確保措置として過料を規定するものがある。同じ過料であるが、違いはあるのだろうか。

　行政法のテキストは、「過料」について、これを行政罰のなかの秩序罰と説明している。すなわち、「届出義務違反や報告義務違反などの行政上の秩序違反に対して制裁として科される金銭的負担」という（曽和俊文『行政法総論を学ぶ』（有斐閣、2014年）386頁）。もっとも、空家法や空き家条例にあるように、手続的義務違反ではなく、命令の不履行といった実体的義務違反に対しても科される。「罰」とはいうものの、刑事罰ではない。刑法にある罰金のように刑事責任を追及するほどの非難可能性はない違反行為に対して適用されている。

　同じ過料であるが、法律に規定されるか条例に規定されるかで、賦課手続が異なる。法律にもとづく過料の場合には、非訟事件手続法が適用される。同法120条によれば、裁判所が検察官の意見と賦課されようとする当事者の陳述を聴いて決定する。実際には、裁判所が違反行為を見つけてこれに対応するのではなく、行政からの通報を受けて動き出すのである。

　一方、条例にもとづく過料の場合は、裁判所は関係しない。自治体の長が、地方自治法255条の3第1項にもとづき、行政処分によって納付を命じ、期限までに納付がなければ、同法231条の3第1項・3項にもとづき、地方税滞納処分の例によって強制徴収できるのである。

4. 空き家条例の機能は？

★空き家対策という行政課題

　市町村条例が先行している場合に、新たに市町村の事務を創出する法律を同じ目的で制定するとすれば、立法者には、どのような配慮が必要でしょうか。第4章で見たように、地方自治法2条11項は、地方自治の本旨に基づくこと、そして、国と自治体の適切な役割分担を踏まえることを求めていました（←82頁）。

　市町村が条例で対応していたというのは、それが「市町村の役割」だったからですね。数だけをみれば、空き家条例を制定していない市町村の方が多かったのですが、それは、空き家対策が国や都道府県の役割だと考えていたからではありません。市町村の役割ではあるけれども、今のところ、条例対応をする必要はないと判断していたからです。

　そうした状況のもとで法律を制定するには、いくつかのパターンが考えられます。第1は、市町村の事務を創出して、その実施を市町村に義務づけるというものです。第2は、市町村の事務を創出するけれども、実施するかどうかは市町村の選択に委ねるというものです。第3は、両者の中間で、義務づける事務もあれば選択に委ねる事務もあるというものです。空家法が採用したのは、第3のパターンでした。空家等対策計画の作成と協議会の設置は任意ですが、それ以外の事務は義務的としたのです。

★空家法は条例をどのように見ているか

　空家法は、市町村に事務を義務づけていますが、条例に関する規定がありません。このため、市町村が空家法の実施に当たって条例

を制定できるかどうか、できるとしてどのような事項について可能
かは、解釈になります。

　まず、条例の可能性ですが、私は、空家法は全国的に一律の同一
内容の規制を施す趣旨ではないと考えます。空家法は、その制定時に
400あった市町村の空き家条例を参考にしていますが、その内容に
は違いもありました。それをすべて否定して空家法の仕組みに一本
化し、それを強制的に全国適用させるべきと立法者が考えたとは思え
ません。したがって、第5章で見たように、規定内容の修正や規定さ
れていない事項の追加も可能です（←98頁）。

　そうであるとして、どの部分について、市町村独自の内容を条例
決定できるのでしょうか。この点については、全国一律的適用をす
べく国の役割に基づいて決定された事項以外となります。国の事務
として作成されている基本指針（5条）の内容を修正することはで
きません。空家等や特定空家等の定義（2条1～2項）を修正する
こともできないでしょう（←106頁）。民法の特例（14条）や建築基
準法の特例（17条）の内容の決定は、国の役割に関するものであり、
市町村は関与できません。しかし、それ以外の規定事項については、
地域特性を踏まえた修正は可能だと思います。

★市町村は空家法をどのように見ているか

　空家法のとらえ方は、市町村により多様です。先に見たように、
空家法制定時には、約400の市町村条例がありました。制定してい
た空き家条例を廃止した市町村もあります。そうした市町村は、例
えていえば、条例に空家法を重ね合わせた場合に条例のすべてが法
律で隠されてしまうと考えたのでしょう。そうであるとすれば、条
例を存置する意義はなくなります。

　しかし、全体としてみれば、廃止という選択をした市町村は少数
派でした。既存条例を全部改正・一部改正する市町村もありますし、

新規に空き家条例を制定する市町村もあります。これらの市町村は、空家法だけでは市町村の空き家行政の推進のためには不十分だと考えているのです。

　そうした市町村は、どのような意味で空家法だけでは不十分と考えているのでしょうか。実際に制定されている条例の性質をみると、空家法の対象以外のものについて規制をする独立条例、空家法の規定対象について独自の対応をする法律実施条例があります。ひとつの条例がいずれかに分かれるというのではなく、条例のなかにそうした機能を持つ内容が含まれているという趣旨です。それらをまとめて、総合的空き家条例を制定することもできます。空家法との関係で条例を整理すると、［図表7.2］のようになります。内容を具体的に見ていきましょう。

■［図表7.2］空家法と空き家条例の関係

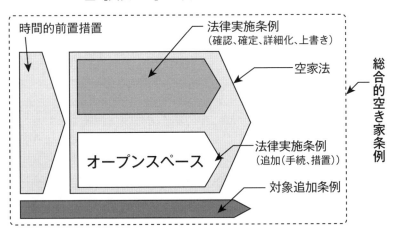

★独立条例

(1)　時間的前置条例

　空家等の定義は、先に見たとおりです。概ね1年以上使用がなされていない状態にある家屋です。しかし、通常は居住がされていないけれども、年に何回かは所有者が立ち入っているような家屋もあります。それが特定空家等の要件を充たしているとしても、空家等ではない以上、空家法の対象にはなりません。

　そこで、このような家屋の外形に着目し、これを「空家等に準ずる家屋」として把握して独自の規制をする対応が考えられます。その例として、「京都市空き家等の活用、適正管理等に関する条例」をあげましょう。同条例2条1号は、「空き家等」という概念を用います（下線筆者）。

> ■京都市条例2条1号　本市の区域内に存する建築物（長屋及び共同住宅にあっては、これらの住戸）又はこれに付属する工作物で、現に人が居住せず、若しくは使用していない状態又は<u>これらに準じる状態にあるもの</u>……及びその敷地（立木その他の土地に定着する物を含む。……）をいう。……

　下線部に注目してください。不居住・不使用に「準ずる」というのですから、たまにはそうしたこともあるという趣旨でしょう。いずれは不居住・不使用が常態になって空家等になるのかもしれません。そう考えると、空家法にいう空家等との関係では、時間的に前に位置する状態です。そうした状態の家屋に対応するため、時間的前置条例と整理しました。時間の横出し（前出し）です。

　空家法の対象ではありませんから、同法を直接に適用するわけにはいきません。そこで、京都市条例は、空家法の関係規定を「準用する。」（16条）と規定しています。同法の仕組みを借りるのですが、措置の根拠は、あくまで条例です。

⑵　対象追加条例

　住民から行政に寄せられる苦情の多くは、木造戸建て住宅に関するものですが、壁を接して建てられている長屋に関するものもあります。すべての住戸部分が問題なのではなくて、そのうちのひとつの状態が相当に劣化しているようなケースです。

　先に見たように、空家等であるためには、建築物について不居住・不使用が常態でなければなりません。この点に関して、国土交通省は、長屋を構成する住戸部分のすべてが不居住・不使用となってはじめて全体を空家等とみなすという解釈を堅持しています。この解釈に従うかぎり、長屋の個々の住戸部分に対して空家法を適用できません。アパートのような共同住宅の1室についてもそうです。

　そこで、条例によって、そうした部分を独立して把握して、規制を及ぼす必要があります。先ほどの京都市条例2条1号の定義を見てください。カッコ書きのなかに、「長屋及び共同住宅にあっては、これらの住戸」とあります。空家法2条1項に規定される「建築物」という文言について、より広い範囲を含むと定義しています。対象の横出しです。大津市条例の対応については、先に見たとおりです（←103頁）。

　この部分についても、空家法の対象外であるため、同法を直接適用することはできません。フル装備の条例が必要です。そこで、京都市条例は、準じる状態にあるものと同じく、これについても「準用する。」（16条）と規定しています。実は、京都市が空き家対策のための条例を制定したのは、空家法成立以前の2013年12月でした。そのときから京都市条例は、長屋や共同住宅の住戸部分を対象にしていました。実際、とりわけ長屋の住戸部分に関する苦情は、市に多く寄せられていました。このため、対象を空家法にそろえてこれらを対象外とすると、空き家行政としては後退してしまうのです。

★法律実施条例

(1)　確認、確定、詳細化、上書き条例

　以下では、空家法の対象となる空家等や特定空家等に関して、独自の内容を規定する条例をいくつか紹介しましょう。空家法をカスタマイズするための工夫が見てとれます。もっともこれは、2014年法への対応です。2023年改正法を受けての条例改正作業は、これからスタートします。参照する空き家条例のなかに空家法の条文番号が規定されている場合には、註記として、改正法のそれを入れておきました。

　第1は、確認です。これは、空家法の関係条文を、いわば「コピー＆ペースト」するものです。空家法は、全国の市町村を対象とする規定ぶりとなっています。「市町村長は、……できる。」というようにです。これを、自分のところに即して規定し直すのです。2015年制定の「明石市空家等の適正な管理に関する条例」の例を見てください（下線筆者）。

■明石市条例7条1項

　市長は、<u>法第14条第1項［改正法22条1項］の規定により</u>、特定空家等の所有者等に対し、当該特定空家等に関し、除却、修繕、立木竹の伐採その他周辺の生活環境の保全を図るために必要な措置（そのまま放置すれば倒壊等著しく保安上危険となるおそれのある状態又は著しく衛生上有害となるおそれのある状態にない特定空家等については、建築物の除却を除く。次項において同じ。）をとるよう助言又は指導をすることができる。

　空家法14条1項［改正法22条1項］について、「市町村長は、」と規定されているところを、下線部のようにしたものです。明石市条例は、空家法のほかの条文についても同様の対応をしています。そのほかにも、独自の対応を規定しています。市民は、空家法による

対応と条例による独自の対応の両方をひとつの条例のなかで見ることができるのです。

　第2は、確定です。前述のように、空家法は、空家等対策計画の策定と協議会の設置を任意としていますが、それらについて、条例のなかで、「わが市はやる」と決定するのです。

　第3は、詳細化です。空家法の規定を解釈して、より明確に条例で規定します。明石市条例10条は、空家法14条3項［改正法22条3項］の命令権限行使に関して、例えば、「特定空家等が倒壊し、又は特定空家等の建築資材等が飛散し、若しくは剥落することにより、人の生命、身体又は財産に被害を与えるおそれが高いと認められる」（1号）ときには、「命令を行うものとする。」と規定します。空家法14条3項［改正法22条3項］命令においては、要件の認定とそれが充足された場合の措置の決断のそれぞれの場面で、行政に裁量が与えられています。この点に関して、明石市条例は、「このような場合には必ず命令せよ。」と市長に義務づけています。

　第4は、上書きです。空家法3条は、所有者等に対し、空家等の適正管理について、「……努めるものとする。」と規定していたため、明石市条例を含め多くの条例は、これを「……ねばならない。」としました。改正法5条は、「……努めなければならない。」と少しだけ踏み込みましたが、まだ、多くの条例のレベルには達していません。

⑵　追加（手続、措置）条例

　空家法の対象となる空家等や特定空家等に対して、同法が規定していない内容を追加的に規定する条例があります。［図表5.1］（←98頁）で説明したオープンスペース部分を活用するのです。独自部分は空家法と一体となって作用します。手続と措置に分けて整理しましょう。

　空家法2条2項は、特定空家等となるための要件を規定しています。当然のことながら、これは、事案ごとに認定されます。この認定手続を規定する条例があります。伊勢崎市空家等対策条例を見てみましょう。

■伊勢崎市条例5条

　市長は、法第9条第1項及び第2項の規定により調査した空家等の管理が適切でなく、次の基準に照らし特定空家等に該当すると思料するときは、協議会の意見を聴き、特定空家等として認定する。

(1)　傾斜、腐食、破損等の異常が発生しており、それらを原因とした倒壊、飛散等により、周辺住民、通行車両、周囲の建築物等への被害が発生している、又はその発生が著しく懸念され、保安上危険な状態

(2)　汚物又は排水の流出、ごみの放置又は不法投棄、立木竹又は雑草の著しい繁茂等を原因とした悪臭、動物、害虫等により、周辺の生活環境が悪化し、著しく衛生上有害な状態

(3)　落書き、窓の破損等により、周辺の景観を著しく損なっている状態

(4)　不審者等の侵入又は火災の発生が懸念され、周辺の生活環境の保全を図るために放置されることが不適切である状態

(5)　前各号に定めるもののほか、周辺の生活環境への影響などを鑑み、市長が特定空家等に認定する必要があると認める状態

　1〜5号の記述には、空家法2条2項の規定を詳細化したという面もあります。個別の認定に当たっては、協議会の意見聴取という手続も規定しています。

　次に、措置の追加の例として、2つ紹介しましょう。第1は、「空家等以上、特定空家等未満」に対する措置です。空家法14条1項は、特定空家等と認定された空家等に対する助言・指導を規定します。このため、確かに空家等ではあるけれども特定空家等とまではいえ

ないようなものが存在しています。そこで、これらに対して、独自の対応を規定する条例があります。「飯田市空家等の適正な管理及び活用に関する条例」2条3号は、「準特定空家等」というカテゴリーを創設して、これに対して、行政指導ができると規定しています。空家法2条2項の特定空家等は、先にみたように、保安上の危険や公衆衛生上の支障が「著しい」状態になるおそれがあるものでした。飯田市条例の準特定空家等は、「著しい」とまではいえない状態のものを意味しているのです。こうした条例対応に学んで、改正法13条は管理不全空家等というカテゴリーを設け、市町村長がその所有者等に対して指導や勧告ができると規定しました。改正空家法13条が規定する「管理不全空家等」というカテゴリーは、こうした条例に学んだものです。

　第2は、空き家条例の「鉄板規定」といってもよい即時執行です。個別義務を前提とせず、必要な状態を実現すべく行政が有形力を行使します。特定空家等については、空家法では、14条［改正法22条］のもとで、助言・指導（1項）、勧告（2項）、命令（3項）、代執行（9項）と進みます。相手方がわからない場合には、略式代執行（10項）により対応できます。ところが、特定空家等の状態が急激に悪化して保安上の危険が発生することもあります。また、特定空家等とは認定していないけれども、行政が現場を確認したときには、把握していた物件の状態が相当に悪化していることもあります。そうした場合に、落ちそうになっている瓦をとりはずして敷地内に置くとか、ブラブラしている屋根材を釘で打ち付けるとか、反り返っている塀にロープをかけて固定するというように、抜本的対策ではないけれども必要最小限の措置をとりあえず講じる必要性が生じます。権利侵害的な行為ですから、条例の根拠が必要です。飯田市条例8条1項で確認しましょう。緊急安全措置と名付けています。

> ■飯田市条例８条１項
> 　市長は、著しく保安上危険となるおそれのある状態にある特定空家
> 等又は……準特定空家等（以下この条においてこれらを総称して「空
> 家等」という。）について、公共の安全を確保するため緊急の必要が
> あり、かつ、その実施により空家等の形状を著しく変形させることは
> ないと見込まれるときは、当該公共の安全の確保に必要な最低限度の
> 措置（以下この条において「緊急安全措置」という。）を講じること
> ができる。

　除却という抜本的対策ではなく、部分的撤去になるかぎりにおいて、略式代執行と相手方が不明の場合の即時執行は、現実には、よく似た結果になります。法律（条例）にもとづいて、いきなりの実力行使をするからです。

5. 空き家条例の適法性

★総合的空き家条例

　以上のように、制定されている空き家条例においては、市町村の空き家条例のなかに空家法が取り込まれたり、さらに、それをカスタマイズするような規定や独自の内容も規定されていたりすることがわかります。市町村は、空家法を踏まえつつも、それぞれの空き家施策を進めているのです。分権時代の新たな対応として注目されます。［図表7.2］（⬅149頁）で示したのは、総合的空き家条例のモデルでした。

★徳島市公安条例事件最高裁判決を当てはめる

　条例の法律適合性審査についての最高裁の判断枠組みに関しては、［図表5.2］（←105頁）で説明しました。空き家条例をめぐる訴訟はまだ見当たりませんが、本章で説明したような条例の内容は、はたして最高裁の審査にたえることができるのでしょうか。独立条例としての空き家条例に関して、［図表5.2］を見ながら考えてみましょう。

　まず、時間的前置条例と対象追加条例です。これらにおける対象は、空家法のそれとは異なっています。したがって、チェックポイントは、「空家法がこれらを放置する趣旨か」になります。こうした対象については、空家法以前から条例を制定して対応がされてきた経緯があります。空家法は、空き家条例の経験を踏まえて立案されている以上、そうした経緯を全否定する趣旨と理解するのは困難です。そこで、次に、「空家法と均衡を失するか」がチェックポイントになります。この点については、いずれの条例も、空家法を超える規制は規定していませんので、結果として、「条例制定可」となるでしょう。

★法律実施条例についての判断枠組みを当てはめる

　リンク型の法律実施条例部分の法律抵触性判断については、［図表5.3］（←107頁）を用いることになります。「確定、確認、詳細化、上書き」部分については、国が第1次決定をしています。そこで、「地域特性適合的対応を許さない明文規定」が問題になりますが、空家法にそうしたものはありません。そうなると、空家法の関係規定が「全国画一的適用をするか」どうかの評価になります。とりわけ詳細化と上書きについて問題になりますが、そこまでの硬直性が意図されているとは思われません。

　追加（手続、措置）の部分については、それを規定しないことが

それを否定しているかどうかの判断によることになります。オープンスペースが存在するかどうかです。この点についても、そこまでの完璧性が空家法にあるとは解せません。

　以上のように、結果として、いずれについても「条例制定可」となると考えます。時間的前置条例と対象追加条例についての評価もあわせ考えると、総合的空き家条例は、本章で示した内容であれば、空家法との関係で適法に制定できるといえるでしょう。

★2023年改正対応

　空家法の改正は、空き家条例にどのような影響を与えるのでしょうか。条例改正は必要なのでしょうか。

　条文数の増加によって条項ズレが発生しているため、空き家条例のなかで空家法の条文を引用している場合には、新しい条文番号に変える必要があります。実質的に管理不全空家等への対応を規定していた部分があった場合において改正法13条で十分と考えれば、これを削除することになるでしょう（←155頁）。これらは形式的対応ですが、実質的なものとしては、改正法23条の空家等管理活用支援法人について「当面は利用しない」という方針を規定することも考えられます。

本章のまとめ

　本章では、空家法を素材にして、条例と法律の関係について説明しました。空き家対策については条例が先行した経緯がありますから、法律が制定された後でも、市町村が独自の対応を条例ですることが認められやすかった面があります。

　しかし、多くの法律は、「元機関委任事務」を規定しますから、
法律の構造や規定ぶりは、「国と地方の上下・主従関係」を踏まえ
たものとなっています。空家法に比べて、はるかに国の決定部分が
多いのです。「規律密度が高い」と表現される状態なのですが、条
例の可能性を考える場合の発想は、空家法と同じです。法令をじっ
とながめて、「全国一律的でなければならない部分はどこなのか」
を自治体がそれぞれに考え、「必ずしもそうでなくていい」と解釈
できる部分については、地域的ニーズがあるならば、内容を修正す
ることも可能なのです。

第3部

行政が
敗訴するとき

第8章
違法行政の是正

〔**本章で伝えたいこと**〕

　行政は、法令を遵守して活動しなければならない。活動をするに当たってなされる判断は、事業者や市民によって争われる場合がある。争う者は、行政の判断に何らかの法的問題があると主張している。その是正を求めて争う手段としては、行政内部の手続として判断の再考を求める行政不服審査制度、裁判所を利用する行政事件訴訟制度がある。

　こうした争訟は、日常的なものではない。一般には、職員にとって、争訟などは他人事であろう。しかし、自分の担当している仕事に関する判断のどのような部分がどのような手段で争われうるのかを知っておくことは重要である。とりわけ行政の判断が誤っているという結論となった事件については、それを他山の石として受け止め、自分の組織の法令コンプライアンス能力を高めるよう、判断に当たっての留意点を整理できるようになっていたい。

1. 行政の判断

★行政判断の通知

　仕事を進めるなかで、行政においては、実に多くの判断がなされています。レベルや内容はさまざまです。

　あなたのような若手職員が起案した文書が、庁内の意思決定の階段を次々にあがっていって、最後には、長の名前で行政の外部に出される場合もあるでしょう。行政窓口に訪れた事業者に対して、あなたが直接に行政指導をする場合もあるでしょう。組織としての判断、個人としての判断……。行政の内部におけるプロセスは多様ですが、行政外部との関係では、「行政としての判断の結果を伝えている」のです。判断を伝える方法としては、第3章で説明した行政手続法で用いられる用語でいえば、「申請に対する処分」「不利益処分」「行政指導」があります。

　そのほかにも、市道や市民会館の管理のような「公の施設」に関する判断もあります。道路法にもとづく道路占用許可は、「申請に対する処分」です。一方、安全性を確保するよう日常的に道路の管理をするに当たっては、利用者に個別に判断が通知されるわけではありません。どのような補修や管理が必要かの判断がされ、それにもとづいて、土木作業や樹木の剪定作業がされます。作業の結果として実現される状態が、判断の通知といえなくもありません。

★行政判断の構造

　行政は、法律によって行動を命じられています。その際、勝手に判断をしてよいものではありません。根拠となる法律には、考慮すべき要素が規定される場合があります。許可であれば許可要件です

し、許可取消しであれば取消要件です。法律や政省令に規定がない場合でも、第3章で見たように、審査基準や処分基準が策定されていることがあります（←53頁、58頁）。行政の判断とは、要件のひとつひとつを確認して、外部に意思を表明することです。

　要件を充たしたとしても、どのタイミングで処分をすべきなのかという点も重要です。必要とされる手続は、きちんと実施しなければなりません。

★作為と不作為

　行政の判断には、大きく分けて、「……をする」というものと、「……をしない」というものがあります。作為の判断と不作為の判断です。

　作為の判断は意識的にしますが、不作為の判断は必ずしもそうではありません。「しない」ことを明確に決める場合もあるでしょうが、何となく放置しておくという場合もあります。しかし、その場合でも、行政外部との関係では、不作為の判断がされたとみなされてしまいます。この点に注意が必要です。

★判断の法的効力

　「申請に対する処分」と「不利益処分」は、いずれも「処分」です。行政手続法2条2号は、これを「行政庁の処分その他公権力の行使に当たる行為」と定義しています。この定義の構造によれば、「処分（広義）＝処分（狭義）＋公権力の行使」となります。それだけでは内容が不明確な概念ですね。

　この定義は、行政手続法2条2号以外に、行政不服審査法1条2項および行政事件訴訟法3条2項において用いられています。いずれもそれ以上の説明はないため、内容を確定するには、解釈をするほかありません。

　法解釈は、裁判所の役割です。最高裁判所第一小法廷は、古い判

決のなかで、以下のように述べています。少し難しい表現ですが、
読んでみましょう。

■最一小判昭和39年10月29日裁判所ウェブサイト（大田区ゴミ焼却
　場事件）
　「処分とは、……公権力の主体たる国または公共団体が行う行為の
うち、その行為によつて、直接国民の権利義務を形成しまたはその範
囲を確定することが法律上認められているものをいう」

　ここでは、行政の判断にもとづきなされる行為のすべてが処分に
なるわけではないということが指摘されています。法律にもとづく
ものでなければなりませんし、国民の権利利益への影響が「直接」
でなければならないのです。もっとも、何をもって直接と見るかは、
別途解釈になります。そして、この影響は、「法的」なものでなけ
ればならないと解されています。法的効力・法的拘束力を持ってい
なければなりません。事実上の影響では不十分なのです。こうした
二重の絞りをクリアした行政の決定（＝処分）については、「処分
性がある」という言い方をします。
　従うかどうかが任意である行政指導には、たとえ法律に根拠があ
っても、法的拘束力はありません。したがって、行政指導は処分で
はないのです。

★行政の判断とその相手方および第三者

　行政の判断が外部に示されたとき、それにより影響を受ける人が
います。「申請に対する処分」がされた場合の申請者、「不利益処分」
がされた場合の被処分者は、まさに行政判断の相手方です。こうし
た人たちが処分を争うのは、その内容に不満があるからです。許可
処分には問題はないように見えますが、そこに条件が付けられてい
てそれに不満がある場合には、その条件を争うことができます。

　一方、第三者はどうでしょうか。廃棄物処理法のもとで設置許可を受けた産業廃棄物処理施設の周辺住民のような人たちです。許可処分の直接の相手方ではありませんから、それに不満があっても、どうしようもないようにも思われます。しかし、処分の根拠法が、そうした人たちの法的利益を一般的抽象的なものではなく個別的具体的なものとして保護し、それについての判断を行政に義務づけている場合はどうでしょうか。その判断を誤って許可がされたとすれば、第三者の法的利益が侵害されることになります。そのような場合には、処分の直接の相手方でなくても、行政の判断を争うことはできるのです。

2. 行政救済制度の全体像

★行政の判断を争うための法制度

　憲法32条は、「何人も、裁判所において裁判を受ける権利を奪はれない。」と規定しています。「何人」に対しても「権利」を保障しているのですから、規定ぶりだけを見れば、相当に強力な条文です。もっとも、誰が何に対してどのような主張をしても構わないというわけではありません。争い方については、いくつかの法律が制定されています。それらを総称して「行政救済法」といいます。

　行政救済法には、大きく分けて、①行政争訟法、②国家補償法があります。訴える側からみれば、①は、行政判断の是正を求めるものです。②は、金銭による補塡を求めるものです。なお、これらは「法分野」を示したもので、実際にそうした名称の法律はありません。具体的な法律としては、①のカテゴリーのもとに、⑴行政不服審査法、⑵行政事件訴訟法、②のカテゴリーのもとに、⑴国家賠償

法、⑵個別法の損失補償規定があります。全体像を示すとすれば、［図表8.1］のようになります。①⑴は、行政に対するもので、「裁判」ではありません。それ以外は、裁判所に対するものです。②⑴は、違法な行政活動によって損害を受けた人の救済です。第9章で説明します。②⑵は、本書では説明しませんが、適法な行政活動によって損害を受けた人の救済です。

■ ［図表8.1］行政救済法の全体像

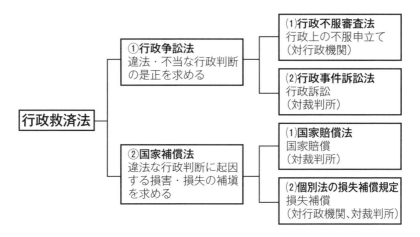

3. 行政不服申立制度

★行政に対して不服を申し立てる

　行政の判断に不満を持つ人がそれを是正してもらいたいと思うとき、アプローチをする対象機関はどこでしょうか。私たちの日常生活を見てもわかるように、まずは不満の原因をつくっている人に対して是正を求めます。図書館で勉強しているときに隣の人の話し声

が気になれば、「静かにしてください。」と言いますね。

　「行政」の判断に対して不満があれば、「行政」に対してその是正を求める。これが行政不服申立てです。その制度は、1962年に制定された行政不服審査法が規定しています。ただ、この法律は、2014年に全部改正されました。あなたの手元にある法令集でこの法律を探してみて、そこに「昭和37年法律第160号」とあれば、それは旧法です。現行法の法律番号は、「平成26年法律68号」ですので注意してください。現在のあなたの仕事に適用されるのは、大改正を受けた新法です。

★「これまで」

　「大改正」と言いました。旧法は、1962年から2016年までの半世紀以上にわたって適用されてきました。いろいろなことについて移り変わりが激しいこの時代です。さすがに実情に合わなくなってきたのですが、改正の理由は何だったのでしょうか。

　さまざまな理由が指摘されています。最大の理由は、審理の公正性に対する不信感です。行政の判断が争われていますが、その判断をした行政は、その際にはそれなりにきちんと検討をしたと考えているでしょう。それなのに是正が求められるのは不本意と思っても不思議はありません。このため、判断をした担当課が再考を求められる場合には、バイアスのある審査がされる可能性があります。実際にどうなのかはよくわかりませんが、少なくともそうしたバイアスの発生を許す制度にはなっていたのです。

★「これから」

　行政判断に対する不満を行政が審査します。このため、不満を申し立てる側から見れば、どのような仕組みをつくろうとも、所詮は「同じ穴のムジナ」と映ります。それはそうなのですが、行政に対

する制度という枠組みのなかで、いかにすれば公平性を向上できる
かを考えた結果、大改正されたのが2014年行政不服審査法です。そ
のエッセンスは、「判断をした組織と審査をする組織との間に健全
な距離を設ける」ことにあります。

　例外はありますが、この制度を利用するのか、それとも第三者で
ある裁判所の方が信頼できると考えて後に説明する行政訴訟を提起
するのかは自由です。「何が何でもまずこの制度を使え」というの
ではありません。

　旧法時代、個別法のなかには、そのもとでなされた判断について
争いたければ、まずは行政不服申立制度を利用せよと規定している
ものがありました。これを「不服申立前置主義」といいます。しかし、
これでは、国民の裁判を受ける権利を不当に制約しています。そこ
で、新法のもとでは、こうした仕組みを持つ個別法を改正して、不
服申立前置主義が適用される法律を相当に限定しました。生活保護
法69条や都市計画法50条などには残っていますが、建築基準法、子
ども・子育て支援法、児童扶養手当法などにおいては廃止されまし
た。行政不服申立か行政訴訟か、自分の好きなルートを選べる方式
を「自由選択主義」といいますが、その原則に一層近づいたのです。

　新法の目的を確認しておきましょう。以下のような規定です。

■行政不服審査法1条1項
　この法律は、行政庁の違法又は不当な処分その他公権力の行使に当
たる行為に関し、国民が簡易迅速かつ公正な手続の下で広く行政庁に
対する不服申立てをすることができるための制度を定めることによ
り、国民の権利利益の救済を図るとともに、行政の適正な運営を確保
することを目的とする。

★「誰が」

　行政不服審査法１条１項には、「国民が」とあります。しかし、自然人たる日本国民に限定する趣旨ではなく、外国人でも法人でも利用は可能です。

　行政不服申立制度は、行政救済制度のひとつです。「救済」なのですから、それを求める必要がある人に利用させるというのが自然です。この点に関して、同法２条は、「行政庁の処分に不服がある者は」と規定します。それ以上の説明はありません。それでは、不服を抱く人なら誰でも利用可能なのでしょうか。この制度を利用できる資格のことを「不服申立人適格」といいますが、具体的に、どのような範囲の人にそれは認められるのでしょうか。

　これは、法解釈になります。最高裁判所第三小法廷は、この点について、以下のように述べています。

■最三小判昭和53年３月14日裁判所ウェブサイト（主婦連ジュース事件）
　当該処分について不服申立をする法律上の利益がある者、すなわち、当該処分により自己の権利若しくは法律上保護された利益を侵害され又は必然的に侵害されるおそれのある者をいう

　「法律上保護された利益が侵害される」というのがエッセンスです。行政にとってのこの部分の意味は、それが「申立てを蹴飛ばすための理由」となることです。「あなたの主張している利益は法律が保護しているものではないですから、あなたには不服申立人適格がありません。」として、申立てを却下できます。行政の判断を修正してもらいたくて申し立てているにもかかわらず、いわば土俵に上がれない結果になります。門前払いですね。

　行政訴訟については後から説明しますが、行政訴訟を提起できる資格を「原告適格」といいます。これについては、行政事件訴訟法

９条１項が、「法律上の利益を有する者」と規定します。その判断に当たっては、後で見るように、同法の2004年改正によって、いくつかの配慮事項が規定されました。実務的には、行政不服審査法のもとでの不服申立人適格の範囲と行政事件訴訟法のもとでの原告適格の範囲は同じものだと考えられており、そのために、行政事件訴訟法９条２項に規定される配慮事項が不服申立人適格の範囲を判断するうえでも適用されるとされているようです。

　行政が不服申立人適格をより緩やかに考えることも可能です。ただ、この解釈を行政が採用する場合、同じ処分について行政訴訟が提起される際にもそれを維持する必要があります。

★「何を」

　不服申立ての対象となる行政の判断とは、どのようなものでしょうか。行政不服審査法１条２項は、「行政庁の処分その他公権力の行使に当たる行為」と規定します。一般に、「処分」と呼ばれます。同法にはこれ以上の説明はありませんから、これも解釈に委ねられています。そこで、最高裁判決ということになりますが、これについては、冒頭にあげた判決をもう一度見てください（←167頁）。

　「権利義務の形成や範囲の確定との直接性」がエッセンスです。個別法に根拠を持つことも必要です。不服申立人適格と同様、この部分も、「申立てを蹴飛ばすための理由」になります。

　旧法２条１項は、「処分」を正面から定義していました。それによれば、「この法律にいう「処分」には、各本条に特別の定めがある場合を除くほか、公権力の行使に当たる事実上の行為で、人の収容、物の留置その他その内容が継続的性質を有するものが含まれるものとする。」とされていました。法律上の行為ではないけれども継続的性質を持つものは、権利義務の形成や範囲の確定に大きく影響しますから、処分に含めようというのです。「継続的事実行為」

と称されるものですが、新法には、この規定はありません。しかし、これについては、いわば確認的に規定していたと整理され、新法1条2項の「処分」に含まれるとされています。「その他公権力の行使に当たる行為」に該当する事実行為には、義務違反を前提とせずに一定状態の実現を行政自らする行為（即時執行）のように「権力的事実行為」と呼ばれるものもあります。「処分」の内容は、行政事件訴訟法のそれと同じと考えられています。

　処分と解されないのは、「たんなる事実行為」です。典型的なのは、前述の行政指導です。市民・事業者に対してなされますが、第3章で見たように（←62頁）、従うかどうかは任意ですから、権利義務に法的には影響しませんね。窓口で行政職員が口にした発言に対して不服申立てがされることもあるようです。この発言も行政指導です。また、大臣が部下である地方出先機関の長に対して発する通達も、組織内部のものであり組織外部には法的効果がないために、処分ではないとされています。上述の最高裁判決で争われたのは、ゴミ焼却場の設置行為でした。これは、工事そのものであり、処分ではないとされたのです。

　「誰が」「何を」。いずれも行政救済法と整理される行政不服審査法と行政事件訴訟法においては、同じ内容を意味しています。

★「いつ」

　「不服申立人適格を有する人が処分を争う」。これにより、ボールは行政に適法に投げ込まれたことになります。この申立ては、審査請求と称されます（2条）。処分があったことを知った日の翌日から数えて3か月以内にしなければなりません（18条1項）。処分がされたことを知らなかったとしても、処分日から1年を経過するとできなくなります（18条2項）。これを審査請求期間といいます。

★審理員

　申立てを受け取った行政は、どのような手続で審理をするのでしょうか。基本的な仕組みとしては、［図表8.2］のようになります。事業者の許可申請に対して不許可処分を市長がした場合を念頭に置いて示しています。

■ ［図表8.2］審査請求手続

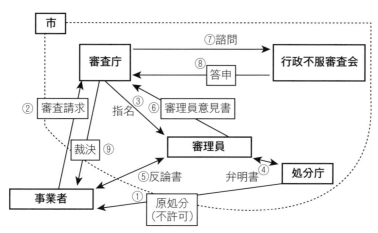

　番号を追いかけてください。まず、処分庁が不許可処分をします（①）。それに不服のある事業者は、審査庁に対して審査請求をします（②）。これ以降、審査請求をした事業者のことを「審査請求人」と呼びます。新法のもとでは、公正さを確保するために、処分をした担当課と審理をする組織を行政内部において分離しました。具体的な審理は、審査庁により指名される審理員が行います（③）。これは、もとの処分を担当した部署とは異なる部署に所属する職員でなければなりません。弁護士のように、非常勤職員（地方公務員法3条3項3号）でも大丈夫です。

　審理員は、処分庁に弁明書の提出を求め（④）、提出された弁明書を審査請求人に送付します。これに対して、審査請求人は反論書

を提出します（⑤）。審理員は、必要な審理を終了したと判断すれば、審理員意見書を作成し、審査庁に提出します（⑥）。

☆法務ドクターの法律診断⑮

審理員ってどんな人？

　行政不服審査法によれば、審理員とは、「第9条第1項の規定により指名された者」である。その指名は審査請求がされた審査庁が行う。実際には、どのような人が審理員に指名されているのだろうか。

　行政職員としているところと外部有識者としているところがあり、一様ではない。行政職員を任命している自治体がなぜ外部有識者としなかったのかは定かではなかったが、行政職員とするところの実情は、例えば、次のようである。「審査請求があった処分についてある程度の知識を持ち、中立の立場から公正に審理することができ、審理手続を主宰し、紛争当事者の主張・証拠の整理、審査庁が作成する裁決を実質的に自分の名前で作成することから、的確な事務処理能力を持つ課長級の職員」「審理員は個々の事件に関する審理手続において、審査庁から指揮を受けることなく自らの名において審理を行うことから、法的素養、コミュニケーション能力、論理的思考、文書作成能力が求められるため、各部次長」「審理員は、法的思考能力やコミュニケーション能力のほか、原処分の専門性や実務に即してバランスの取れた判断能力を必要とするため、処分部局内の課長または主幹」。

　一方、外部有識者とする自治体は、大学教授、弁護士、税理士、司法書士などを非常勤職員として任命し、審理員に指名している。「法律又は行政に関し優れた識見を有する者」という理由である。

★行政不服審査会

提出を受けた審査庁は、これを行政不服審査会に諮問します（⑦）。この審査会は、外部の有識者から構成される諮問機関です。行政不服審査会は、審理の結果を審査庁に答申します（⑧）。

★審査庁の裁決

それを受けた審査庁は、裁決をします（⑨）。審査庁は、行政不服審査会の答申内容に拘束されるわけではありません。しかし、それと異なる結論を出す場合には、その理由を裁決書のなかで詳細に示す必要があります。

裁決には、⑴却下裁決（審査請求が不適法な場合）、⑵棄却裁決（審査請求は適法にされているけれども請求内容が認容できない場合）、⑶認容裁決（請求を認める場合）の３種類があります。認容裁決の場合、処分の取消しが求められていれば、取消裁決となります。

行政訴訟においては、裁判所が訴えを認容するのは、処分が「違法」と評価されるときです。これに対して、行政不服申立ての場合には、前述の行政不服審査法１条１項の目的規定にあるように、処分が「違法又は不当」であれば審査請求は認容されます。「不当」とは、行政裁量の行使が不適切であったという意味です。列車はレールから脱線（違法）はしていないけれども、片方の車輪がレールから浮き上がって脱線しそうになっているような状態です。脱線はしていないのですが、相当に怪しい状態でなされた処分を維持するのは問題があるということで、取り消す対象になります。

★「行政による審査」と公正性

市行政を例にして説明しましょう。行政不服審査は、市の事務として実施されます。市の事務の責任者は、市長です（地方自治法148条）。したがって、審査庁、審理員、処分庁というのは、すべて市

長の補助機関たる職員です。行政不服審査会も、あくまで市長の附属機関であって、裁判所のような独立性はありません。このようにいうと、公正性に疑いが持たれる状態には変わりがないと思われるかもしれません。しかし、これらは、「行政による審査」という制約のなかで第三者性をギリギリ追究した仕組みといえるでしょう。

　どのような裁決がされているのかは、総務省のデータベースで確認できます（https://fukukudb.search.soumu.go.jp/koukai/Main）。

4. 行政訴訟制度

★行政の違法行為の是正を裁判所に求める

　行政不服申立制度が「行政による不服への対応」であるのに対して、行政訴訟制度は、「裁判所による不服への対応」です。内部統制と外部統制といえるかもしれません。制度の目的は、違法な行政活動によって法律上の権利利益を侵害された（される）国民の救済を、なされた判断の効果を取り消したり、判断をするよう命じたり、判断がされないように命じたりして実現することにあります。

　裁判所は、法的判断をする機関です。行政不服申立制度のもとでは、処分が不当であればこれを取り消す裁決がされることもありました。政策的判断といえます。しかし、裁判所には、そこまで踏み込んだ判断はできません。行政の判断が違法かどうかのみを審査します。あくまで法的判断です。

　行政訴訟制度の基本となるのは、行政事件訴訟法です。この法律は、行政不服審査法の旧法と同じ1962年に制定されました。そして、2004年に、大きく改正されています。

★不十分だったこと

　大改正の背景には、次のような事情がありました。①原告勝訴率がきわめて低く、権利救済の実効性に欠ける、②裁判所の運用による改善には期待ができない、③諸外国と比較しても、行政訴訟の利用が著しく少ない、④環境訴訟や消費者訴訟などの現代型訴訟に対応できない。被告となる行政が勝訴する結果に終わることが多いため、行政救済法とは「行政を救済する法律」と揶揄されていました。

★主観訴訟と客観訴訟

　通常、行政訴訟（法令用語では、「行政事件訴訟」といいます。）を提起する原告は、市民・事業者です。被告は、争われている判断をした（する）行政庁が所属する国や自治体です。市長がした不許可処分が争われる場合には、被告は市となります。

　行政訴訟には、大きく分けて、①主観訴訟、②客観訴訟があります。①は、原告となる者の個人的な（主観的な）権利利益の救済をするためのものです。これに対して、②は、行政活動の客観的な適法性の確保を目的とするためのものです。本章の冒頭で、憲法32条について触れました。主観訴訟は、まさに「裁判を受ける権利」を実現するための訴訟ですが、客観訴訟は、この権利の枠外にあります。特別の政策的配慮から制度化されたものです。自治体にとっては、地方自治法242条の２以下に規定される住民訴訟制度（その前提としての住民監査請求制度）が重要です。以下では①を中心に説明し、②のひとつである住民訴訟については、第９章で説明します。

★原告は裁判所に何を求めているのか

　主観訴訟として行政事件訴訟法が明示するのは、抗告訴訟と当事者訴訟です。ここでは、抗告訴訟を説明します。同法３条１項は、抗告訴訟を「行政庁の公権力の行使に関する不服の訴訟」と定義し

ています。抗告訴訟というのは、いわばカテゴリーを表した名称です。具体的な訴訟類型は、2項以下に定義されています。主たるものは、[図表8.3]のとおりです。原告が置かれた状況により、求める内容はさまざまです。

■ [図表8.3] 抗告訴訟の類型

訴訟の名称	内　容
取消訴訟（3条2項）	行政庁がした処分の取消しを求める訴訟
不作為違法確認訴訟 （3条5項）	行政庁が法令に基づく申請に対し、何らかの処分をすべきであるのに処分をしないときに、その違法確認を求める訴訟
非申請型義務付け訴訟 （3条6項1号）	行政庁が一定の処分をすべきであるのに処分をしないときに、処分を命ずることを求める訴訟
申請型義務付け訴訟 （3条6項2号）	行政庁に対して処分を求める申請がされた場合に、処分をすべきであるにもかかわらずしないときに、処分を命ずることを求める訴訟
処分差止訴訟 （3条7項）	行政庁が一定の処分をすべきでないのに処分がされようとしているときに、処分をしてはならないと命ずることを求める訴訟

★「誰が」「何を」

　抗告訴訟において原告になれる（＝適法に訴えを提起できる）人に関する資格を「原告適格」といいます。また、訴訟の対象となるのは「処分」です。これらに関しては、行政不服審査法のもとでの「審査請求人適格」と「処分」と同じだといいました。

　処分についてはあまり問題ないのですが、原告適格については、少し詳しく見る必要があります。例えば、事業者に対する許可処分がされた場合、事業者は満足ですから争うはずはありません。しかし、操業がされると生活環境に対して看過できない悪影響があると

考える周辺住民は、知事が間違った法律解釈をして処分をしたとして不服があります。このように第三者が不服を持っている場合、通常、利用されるのは、抗告訴訟です。「第三者訴訟における第三者の原告適格」。これは、行政事件訴訟実務においてもっとも大きな争点となっている問題です。

★原告適格論の「これまで」

前述のように、行政事件訴訟法は、2004年に大改正されました。原告適格に関する条文もそのひとつです。かつて、９条は、単に以下のように規定されていました（下線筆者）。

> ■行政事件訴訟法旧９条
> 　処分の取消しの訴え……は、当該処分……の取消しを求めるにつき<u>法律上の利益を有する者</u>……に限り、提起することができる。

そこで、下線部にある「法律上の利益」が何かが問題となります。原告適格がなければそもそも訴えが適法になりません。ちょっと極端なことをいえば、事業者に対して出された許可処分が違法であっても、周辺住民に原告適格がなければ、その処分の適法性を問うことはできない結果になります。

「行政にとって訴訟はいいチャンス。判断の正しさを裁判所が確認してくれるのだから」。このように考えれば訴訟はウェルカムかもしれませんが、通常はそうではありません。行政にとっては、訴訟は「大ごと」です。処分が違法かどうかを判断する段階（これを「本案審理」といいます。）に入る前の判断の段階（これを「要件審理」といいます。）で蹴飛ばしてしまいたいと考えるのは、仕方ないことでしょう。このため、伝統的に、被告となる行政は、第三者訴訟の場合、原告適格がないと立証する（すなわち、訴訟を不適法却下にす

る）作業に精力を傾けてきたのです。

★原告適格論の「これから」

　第三者訴訟の場合、従来、裁判所は、どちらかといえばこうした行政の主張に同情的であり、原告適格を拡大的に解することに消極的でした。その結果、要件審理をして「原告適格なし→訴え却下」という「門前払い判決」が多く出されてきました。

　裁判では、事実認定のほか、法解釈が争われます。その基本になるのは、個別法の条文ですね。例えば、「申請に対する処分」の場合、規定されているのは、申請をする者とそれを判断する行政庁です。第三者が登場することはまずありません。したがって、許可処分に対する取消訴訟が周辺住民により提起されたとき、条文に明確には規定されていない第三者に関して「法律上の利益」があると判断するのは、ためらわれたのです。裁判所の役割を超える「立法」だと考えられたのでしょう。

　行政事件訴訟法の2004年改正は、9条をそのまま9条1項としたうえで、新しく第2項を加えました。法改正ですから、立法者たる国会の命令です。原告適格判断に当たっては、裁判所に対して、以下のように求めました。

その1　処分の根拠となる法令の規定の文言だけを見るな。
その2　その法令の趣旨・目的や処分で問題となる申請者の利益とその性質を考えよ。
その3　趣旨・目的を考えるときには、目的を共通する関係法令があればその趣旨・目的も参考にせよ。
その4　利益・性質を考えるときは、処分にかかる申請者の活動により害される利益とその性質や害される態様・程度も考えよ。

　要するに、問題となっているのは、個別法の個別規定にもとづく

処分であるけれども、その文言だけを見て解釈するのではなく、少しズームアウトすべきだというのです。処分の根拠条文は、それだけで存在しているわけではない。ひとつの法律のひとつの仕組みとして規定されている。また、その法律も、ほかの法律のネットワークのなかに存在し、申請者はもちろんそれ以外の国民の基本的人権の保障のために存在している。このような観点から「法律上の利益」という文言を解釈せよと迫ったのです。

　何でもありというわけではありませんが、求められている方向は、第三者訴訟における原告適格の拡大です（最三小判令和5年5月9日裁判所ウェブサイト（大阪市納骨堂事件）では、そうした方向での判断が示されました）。もちろん、被告となる行政としては、要件審理で蹴飛ばしてもらいたいですから、従来通りの狭い立場で主張をするのかもしれません。しかし、このような立法者の命令が明らかになっている以上、そうした姿勢を継続すれば、それに反する行動をしているとして、住民からも不信感をもって見られるでしょう。タテマエにすぎるかもしれませんが、適法な行政をしているのであれば、何もおそれる必要はありません。

★取消訴訟
○なぜ取消判決が必要なのか

　AさんがB県知事に対して許可申請をしたところ、知事は不許可処分をしました。Aさんは、自分の申請は認められるべきものであり、不許可処分は間違いであるから、許可がされたと考えて行為を開始してもよいと考えるかもしれません。しかし、許可を得ていないのは事実ですから、そのように行動すれば、無許可で行為をしたとして刑罰が科されるかもしれません。不許可処分は、「Aさんは適法に行為を開始できない。」という法的判断をしたという意味なのです。そこで、適法に行為を開始したいのであれば、この判断は

違法であると確認するとともにその法的効果をなくしてしまう必要
があります。それを裁判所に求めるのが取消訴訟です。

　これとは逆に、Ａさんに許可が出されたとしましょう。この判断
に対して、生活環境の悪化を懸念する周辺住民Ｃさんは不満です。
不許可にすべきなのに許可をした行政の判断はおかしいと思ってい
ても、それだけではどうしようもありません。Ａさんは、行為を開
始してしまいます。それを止めるためには、Ａさんに関して許可が
出されていない状態を実現しなければなりません。そのためには、
Ａさんに出された許可の法的効果をなくしてしまう必要がありま
す。これも取消訴訟です。

　なお、取消訴訟を提起できるのは、処分があったことを知った日
から6か月以内です（14条1項）。知らなくても、処分日から1年
を経過してしまえば提訴はできません（14条2項）。これを出訴期
間といいます。

○　「違法」と判断される理由

　いずれの場合においても、原告は、行政の判断は法的に誤りだと
主張します。その内容は多様です。誤った事実認定にもとづいてい
る、誤った法解釈にもとづいている、誤った手続にもとづいている
といった理由があるでしょう。行政の判断は、法律に根拠を有して
います。抽象的に規定される場合も多いのですが、法律は、行政に
対して、判断に際して考えるべきことを命じています。何が考慮す
べきことであり、それについて誤りのない判断がされたのかどうか。
裁判所はこの点をチェックするのです。ひとつでも誤りがあれば、
不許可処分ないし許可処分には「違法」というレッテルが貼られ、
処分の法的効力はなくなります。これが、請求を認容する取消判決
です。行政の判断には、「完全」が求められるのです。オセロゲー
ムの石をすべてシロにしなければ行政は敗訴します。逆に、原告は、

ひとつでもクロにすれば勝訴できるのです。もっとも、原告が裁判所を説得するのは、相当に難儀なことです。

「誤った」「間違った」（＝違法）というのは、最終判断をするに当たって、すべきことをしなかった、すべきでないことをしたという意味です。許可という「申請に対する処分」の場合であれば、例えば、審査基準の作成とこれを公にすることが義務づけられていましたが（←53頁）、この基準に含まれていない基準を理由にして不許可処分をするのは違法になります。不意打ちになるからです。そこに書かれていれば、申請者はそれを踏まえて申請内容を決めることができたはずです。

○紛争の一挙の解決

ところで、Ａさんが不許可処分を争う場合において取消判決が出たとしても、Ａさんに対して当然に許可が出されるわけではありません。取消判決があっただけでは、申請した状態にもどるだけです。Ａさんがほしいのは、許可処分です。

そこで、紛争を一挙に解決するために、Ａさんは、取消訴訟だけではなく後に説明する申請型義務付け訴訟も提起して、「自分に対して許可をせよ。」という命令を被告であるＢ県に出してもらうよう求めることになります。申請型義務付け訴訟について規定する行政事件訴訟法37条の3第1項2号は、「当該処分……が取り消されるべきもの」としています。違法な処分をそのままにしておくのは法治主義に反しますので、まずは、この世から消し去る必要があります。これが、取消判決です。さらに、正しい処分を求めている国民の救済の観点からは、それを実現する必要があります。しかし、裁判所は行政庁ではありませんから、処分はできません。そこで、行政庁に対して、適法な処分を命ずるのです。

★不作為違法確認訴訟

　Aさんは許可申請をしましたが、B県知事は、行政指導により、反対する周辺住民との話し合いを求めて、いつまでたっても判断をしてくれない。許可がない以上、Aさんは動くに動けません。そこで、「判断をしない状態」について、その違法性を裁判所に認めてもらおうというのが、不作為違法確認訴訟です。申請をした本人だけに原告適格があります。

　この訴えが成功しても、Aさんに許可が出されるわけではありません。審査を始めないことが違法といわれているにすぎないのですから、そこから作業を開始するのです。Aさんにとって、権利の救済からはほど遠い状態です。Aさんがほしいのは許可処分です。

　そこで、取消訴訟の場合と同じように、Aさんは、申請型義務付け訴訟も提起して、B県知事が許可をするように裁判所に命じてもらう判決を求めることになります。

★申請型義務付け訴訟

　上述のように、申請型義務付け訴訟は、取消訴訟および不作為違法確認訴訟と結びついています。なお、規定上は、申請型義務付け訴訟を提起する場合に、処分という形で行政の判断がされていればその法的効力を消すための取消訴訟を、まだ判断が示されていないならばそれをしないことを違法と宣言してもらう不作為違法確認訴訟を、それぞれ併合して提起しなければならないとされています。

　義務付けというのは、いわば裁判所が行政から処分の要否等に関する判断権を奪って自ら判断することです。法律は、行政庁に判断を命じているのですから、裁判所がこれに代わって判断できるというのは、相当に限定された場合になります。

★処分差止訴訟

　処分がなされてそれにもとづく行為がされてしまうと、取り返しがつかないような大きな被害が発生するような場合、その処分を事後的に争わせるだけでは救済はなりません。そもそもそれをさせないことが重要です。もちろん、されようとしている処分が適法ならば問題はありませんが、そうでないときには、処分をしようとしている行政庁に対して、これをしてはならないという命令を裁判所に出してもらう必要があります。これが、処分差止訴訟です。原告適格を有する人の範囲は、取消訴訟と同じです。

　行政に処分をさせないというのですから、この場合においても、相当の理由がなければなりません。「処分をすべきでない」状態にあるのは当然ですが、それに加えて、処分がされることにより重大な損害を生ずるおそれがある場合、他に適当な方法がない場合である必要があります。

　この判断を厳格にすればするほど、救済の門は狭くなります。されようとしている処分は違法だという心証を裁判官が持ったとしても、とりあえず処分はさせたうえでそれを事後的に取消訴訟で争わせれば十分ではないかと考えるかもしれません。そこで、行政事件訴訟法は、裁判官に対して、「損害の回復の困難の程度を考慮するものとし、損害の性質及び程度並びに処分……の内容及び性質を勘案する」ことを命じています。しかし、これは相当に抽象的です。現実にも、処分差止訴訟が認められた例は、わずか数件にとどまります。

★非申請型義務付け訴訟

　許可申請などをした人が原告となって自分に対する処分を求めるのが、申請型義務付け訴訟でした。これに対して、それ以外の人が、自分以外に対して処分をすることを行政庁に命じてもらう訴訟もあ

ります。これが、非申請型義務付け訴訟です。

　例えば、許可を受けて操業しているＡさんが、法律違反をして生活環境保全上の支障を発生させ、周辺住民であるＣさんに被害を与

☆法務ドクターの法律診断⑯

「重大な損害」に当てるモノサシ

　非申請型義務付け訴訟が認容される要件のひとつを、行政事件訴訟法37条の２第１項は、「一定の処分がされないことにより重大な損害を生ずるおそれがある……とき」と規定する。さらに同条２項は、その判断に当たって、「損害の回復の困難の程度を考慮するものとし、損害の性質及び程度並びに処分の内容及び性質をも勘案する」ことを裁判所に命ずる。

　裁判所は、この「重大な損害」を生命・健康に関するものに限定して解する傾向がある。民事法的には、確かにそうした発想は理解できる。しかし、これは行政訴訟である。改善命令や措置命令といった不利益処分を規定する法律の制度趣旨を踏まえた解釈をしなければならないのである。

　行政法が保護しようとする法益は、法律によってさまざまである。それが生命・健康のみを保護するのであれば、「生命・健康の重大な損害」を考えればよい。しかし、それが生活環境を保護するのであれば、権限の不行使によって「生活環境の重大な損害」の発生のおそれがあるかどうかを考えなくてはならない。裁判所は、個別法から超然として判断をしていてよいものではない。

えているにもかかわらず、それを是正させる命令を出す権限のある
B県知事が何もしないでいるような場合、Cさんは、B県を被告と
して、命令を出すように裁判所に命じてもらうべく、訴訟を提起す
るのです。こうした訴訟を提起できる原告適格の範囲は、取消訴訟
と同じです。Cさんは、何の申請もしていませんね。このために、「非
申請型」と称されます。

　まだ行政の権限行使がされていないという点では、処分差止訴訟
と同じです。請求が認められるためには、「処分をすべき」状態に
なければなりません。それに加えて、重大な損害を生ずるおそれが
ある場合、他に適当な方法がない場合である必要があります。その
判断に当たっては、処分差止訴訟と同じ配慮が裁判所に求められて
います。

　処分差止の場合、原告にとって、止めたい処分を特定するのは容
易です。ところが、義務付けとなると、どのような処分を求めるの
かについては、行政に相当の裁量があります。しかし、この特定を
厳格に求めるのは適切ではありません。原告が問題としている状況
を是正するために発動が可能な権限の根拠条文を特定すれば、具体
的に何が妥当なのかは行政が考えればよいと整理すべきでしょう。

★仮の救済

　救済を求める原告は、時間との闘いをしています。一方、一刻も
早く事業を開始したい申請者にとっては、不許可処分はビジネスチ
ャンスを失わせる大きな支障です。環境破壊をさせたくない地元住
民にとっては、許可処分がされてしまえば工事が開始されます。

　このように、時間が経過すれば取り返しがつかないような不利益
が発生する場合には、原告が求めている義務付けや差止めといった
内容を「とりあえず実現する」必要があります。とりあえず許可を
与える、とりあえず処分を差し止める。これが、仮の救済制度です。

これを申し立てるためには、義務付け訴訟や差止訴訟を提起しておく必要があります。

　仮の救済を認めるためのハードルが、通常の場合よりも高くなるのは理解できますね。具体的には、「償うことのできない損害を避けるために緊急の必要がある」場合とされています。

本章のまとめ

　誤った行政の判断の是正を求めるための仕組みとしては、行政内部手続を通してそれを実現しようとする行政不服申立制度、そして、裁判手続を通してそれを実現しようとする行政事件訴訟制度があります。不服を持つ人は、法律で規定される特定の場合を除き、いずれの制度を利用しても構いません。

　行政不服審査制度は、2014年の行政不服審査法の大改正によって、大きく変わりました。公正性の確保が重視され、行政の内部においてではあるものの、処分に関与した部署と審査をする部署を分離したり、第三者の意見聴取を義務づけたりする改革が行われています。

　行政事件訴訟制度も、2004年の行政事件訴訟法の大改正によって、大きく変わっています。訴訟の方法についてバラエティのある類型が規定されるとともに、原告適格の拡大や仮の救済の制度化など、住民の救済を重視した改革がされました。

　これらの措置によって、行政の判断は争われやすくなっています。行政職員は、これまで以上に、適法な行政に対する意識を強く持たなければなりません。

第9章
違法行政による損害の補塡

〔**本章で伝えたいこと**〕

　行政の判断の是正とは別に、なされた判断により損害が発生した場合に、その補塡を求める制度も重要である。補塡は、金銭の支払いによる。

　この制度には、主観的なものと客観的なものとがある。主観的な制度とは、違法な行政の判断によって自分に関して損害が発生したために、その補塡を求めるものである。これが、国家賠償制度である。行政に対して問われるのは、公務員の違法行為の責任（公権力責任）と公の営造物の違法な設置管理に関する責任（営造物責任）である。

　客観的な制度とは、住民訴訟である。違法な公金の支出がされた場合に、自分自身の損害とは関係なく、住民という立場で訴えを提起する。それの原因となる違法判断をした者に対して、自治体が損害賠償請求をするように求めるものである。いずれの制度にも、行政の適法な判断を担保する機能がある。

1. 国家賠償請求制度

★行政の判断と損害

　第8章の最初の部分で、行政の判断について説明しました（←165頁）。作為をするという判断と不作為をするという判断が基本です。これは、例えば、処分をするとかしないという場面についても当てはまりますし、市道や市民会館の管理という場面についても当てはまります。処分については、法律にもとづくものもあれば条例にもとづくものもあります。

　行政不服審査法や行政事件訴訟法のもとでの行政争訟においては、処分の法的効力が争われていました。これに対して、行政の判断に起因して発生した損害の賠償を求めるのが国家賠償請求制度です。憲法17条は、「何人も、公務員の不法行為により、損害を受けたときは、法律の定めるところにより、国又は公共団体に、その賠償を求めることができる。」と規定しています。ここにいう「法律」のもっとも重要なものが、憲法施行と同じ1947年に制定された国家賠償法です。わずか6か条の小さい法律です。

★公権力の行使に関する賠償責任

　国家賠償法には、2つの柱があります。第1の柱は、公務員の職務に関するものです。第2の柱は、道路や河川のような「公の営造物」の設置や管理の瑕疵に関するものです。最初に、公務員の職務に関する法的責任について見ましょう。

　同法1条1項は、次のように規定しています。損害を受けたと主張する人が原告となり、国や自治体を被告に損害賠償を求める訴えを提起するのです。

> **■国家賠償法1条1項**
> 　国又は公共団体の公権力の行使に当る公務員が、その職務を行うについて、故意又は過失によつて違法に他人に損害を加えたときは、国又は公共団体が、これを賠償する責に任ずる。

★3つの要件

　この規定を、「誰が」「いつ」「どのように」に分けて説明しましょう。損害は発生しているものとします。

　第1は、「誰が」です。自治体に関していえば、「公共団体の……公務員」です。そう、あなたのことです。もっとも、あなたは確かに休日であっても公務員ですが、仕事をしているわけではありませんね。上司の指揮命令のもとでオフの時間を過ごしてはいませんから、そのときは公務員ではありません。

　また、行政の判断は、組織的決定の場合が多いですね。そのとき、具体的に誰の責任でそれがされたのか特定しなければならないとすれば、行政組織の内部のことを知らない原告にとっては、かなりの負担になります。このため、判断のミスをした公務員を特定する必要はなく、原告との関係においてなされた行政の行為を包括的に捉えてこれを「公権力の行使」と考えています。

　第2は、「いつ」です。それは、「公権力の行使をするとき」です。「公権力の行使」という文言は、行政不服審査法1条1項や行政事件訴訟法3条1項にも出てきました。これら法律においては、内容は同じだといいました（←173頁）。要するに「処分」のことです。同じ日本法ですから、同じ言葉が使われていれば同じ内容を意味すると考えるのが普通ですが、実は、国家賠償法の場合はそうではありません。同法1条1項にいう「公権力の行使」の方が、範囲が広いのです。図示すると、［**図表9.1**］のようになります。

■［図表9.1］「公権力の行使」の範囲

国家賠償法のもとで「公権力の行使」に含まれて行政不服審査法や行政事件訴訟法では含まれないもの。典型的には、行政指導、行政計画、継続性のない事実行為です。これらは、法的拘束力を発生させるわけではないため効力を取り消す必要はなく、したがって、行政不服審査法や行政事件訴訟法のもとで救済の対象にする必要もありません。ところが、損害は、原因行為に法的拘束力があるかないかにかかわらず発生します。例えば、誤った行政指導を信じて行動をしたために損害が発生したとか、警察官の不適切な逮捕術によって傷害を受けたという場合です。

　第3は、「どのように」です。これについては、「故意又は過失によって」とされています。現実に問題になるのは、過失があったかです。因果関係も必要になります。ところで、「過失がある」とは、どのような場合でしょうか。一般的には、「損害発生の結果が予見可能でありそれを回避することも可能であったのに、それをしなかったという注意義務違反の状態」とされています。また、行政職員といっても、その能力は同一ではありません。相当にうっかりさんもいるでしょう。たまたまそうした人が担当になってミスをした場

合、その具体的な公務員については「あいつにそこまで求めるのは無理だよね。」となるのでしょうか。行政による公権力の行使として行為がなされている以上、それではあまりに不合理です。そこで、平均的な公務員の能力を抽象的に想定して、それを基準に過失判断がされています。故意過失があれば、その行為は違法となります。

　なお、国家賠償請求訴訟の被告になるのは、公務員個人ではなく、国や自治体です。公務員個人の業務に当たっての萎縮効果をなくすためというのがその理由です。

　そうであるからといって、自分の好き勝手に仕事をしてよいというわけでないのはもちろんのことです。自治体敗訴の場合において本人に故意や重過失があれば、自治体から求償を受けます。法令遵守は、自治体職員の鉄則です。

★公権力の不行使に関する賠償責任

　「公権力の行使」というのは、これを文字通り受け止めると、積極的な行使である「作為」となります。しかし、法解釈としてはそうではなく、消極的な行使である「不作為」も含まれるとされています。行政不服審査や行政事件訴訟の場合には、作為と不作為とで異なった救済手続が整備されていましたが、国家賠償の場合には、国家賠償法1条1項がいずれの場合にも適用されます。

　抗告訴訟の原告としては、大きく分けて、申請をした者とそれ以外の者がいました。公権力の不行使が国家賠償訴訟で争われる場合にも、両方のパターンが考えられます。

　第1は、許可申請をしたのにもかかわらず行政手続法7条の審査開始義務に違反して申請を店ざらしにされたために予定通りに営業を開始できなかったような場合です（申請不応答型）。第2は、個別法にもとづき停止命令や許可取消などの不利益処分をする権限が授権されており、処分要件が充たされている状態にあるにもかかわら

ず処分をしなかったために被害が発生したような場合です（規制権限不行使型）。公権力の行使には、行政指導も含まれますから、行政指導をしなかった場合も問題になります。

★裁量権を適切に行使しないことの評価

　個別法の規定ぶりはさまざまですが、一般的にいえば、「……のときには（要件）」「……することができる（効果）」というようになっています。要件をどのように認定するか、要件が充足されたとしてもどのような措置を講ずるか、といった点については、行政庁に判断の余地があります。

　しかし、国家賠償訴訟の局面では、被害は実際に発生しています。それは、ときとして、財産的損害のほか、人命や健康など、取り返しのつかない内容になります。

　申請不応答型については、申請処理事務の遅れによって発生した財産的損害の賠償が求められるケースがあります。マンション業者が提出した建築確認届出に対する審査を留保したままに、周辺住民との協議をするように求める行政指導を、それに従えないという事業者の明確な意思表示があるにもかかわらず継続した事案において、最高裁判所第三小法廷は、その違法性を認定しました（最三小判昭和60年7月16日裁判所ウェブサイト（品川区マンション事件））。

　国家賠償訴訟は、基本的には、被害が発生した後の事後救済です。規制権限不行使型の場合、生命・健康被害が発生したという現実があるにもかかわらず、「命じなければならないというように行為を義務づける規定がない。」として過失を否定することは、どうにも不合理です。そこで、最高裁判所第二小法廷は、規制権限を規定する個別法の趣旨・目的や権限の性質などを踏まえて、具体的事情のもとで、権限不行使が許容される限度を逸脱して著しく合理性を欠くと認められるときは、その不行使は、被害者との関係で違法とな

☆法務ドクターの法律診断⑰

地方公務員の損害賠償保険

　「地方公務員＋損害賠償保険」としてインターネットで検索をすると、結構な数の保険商品のサイトがヒットする。それなりに普及しているようである。

　ある広告は、その意義を次のように説明する（https://www.hoken-design.com/pdf/koumuin.pdf）。

　「近年、地域行政への関心の高まりや情報公開制度の浸透も相まって、行政の適正化を進める手段の一つとして訴訟が提起されるケースが増えてきました。このことにより、職員個人の皆さまにつきましても、その業務における行為や結果に起因して、住民訴訟や民事訴訟により訴訟を提起されるリスクが高まっていると考えられます。」

　商品はいろいろ。年間保険料3,100円（損害賠償金1,000万円、争訟費用100万円、初期対応費用500万円）から9,700円（同上、2億円、2,000万円、500万円）まである。

　ところで、国家賠償法のもとで公務員の過失が認定されて賠償金が支払われる場合、負担するのは自治体であって公務員個人ではない。当該公務員に故意または重過失がある場合を除いて、本人は責任を負わないのである（1条2項）。もっとも、故意や重過失があれば、保険金は支払われない。それにもかかわらず、なぜ保険が必要なのだろうか。

　訴えは棄却されるが、特定職員相手の訴訟提起は可能である。その場合、被告となった公務員は、応訴しなければならない。訴訟費用は持出しになる。存在理由は、こうしたところにあるのだろうか。

るとしています（最二小判平成16年10月15日裁判所ウェブサイト（水俣病関西訴訟））。不行使という消極的判断をしたことに過失があるという趣旨でしょう。

　この判例の考え方は、消極的権限濫用論と称されています。ほぼ同旨ながら、①生命・健康など重要な法益に対する危険が切迫している、②行政がその危険を予見可能である、③行政権限行使によって危険を回避する可能性がある、④権限行使に対する社会の期待がある、といった基準を提示して、不作為の違法性を判断する判決もあります。裁量権ゼロ収縮論と称されています。

★営造物の設置管理に関する賠償責任

　国家賠償法の第2の柱は、営造物の設置管理に関するものです。同法1条の公権力責任と対比して、営造物責任と称されます。同法2条は、次のように規定します。

> ■国家賠償法2条1項
> 　道路、河川その他の公の営造物の設置又は管理に瑕疵があつたために他人に損害を生じたときは、国又は公共団体は、これを賠償する責に任ずる。

★2つの要件

　損害が発生していることを前提にすれば、問題になるのは、「公の営造物」「設置管理の瑕疵」です。損害を発生させたのが、「公の営造物」であること、そして、その「設置管理に瑕疵」があったことです。因果関係があることも必要です。

　第1の「公の営造物」です。道路や河川は例示です。もちろん、行政が管理をするものでなければ、国家賠償法2条1項の問題にはなりません。そのほか、トンネル、公園、港湾、海岸、市役所庁舎などもそうです。これらは不動産ですが、裁判例では、公用車、警

察官の拳銃、警察犬といった動産も営造物に含まれるとされています。さまざまな行政活動のために用いられているものというほどの意味であり、相当に広い概念です。

　第2は、「設置管理の瑕疵」です。『広辞苑〔第7版〕』（岩波書店、2018年）によれば、「瑕疵」とは、「①きず。欠点。②〔法〕行為・物・権利などに本来あるべき要件や性質が欠けていること。……」（543～544頁）とされます。判例においても、「通常有すべき安全性を欠いていること」とされます（最一小判昭和45年8月20日裁判所ウェブサイト（国道56号線落石事件））。客観的に把握していますね。国家賠償法2条1項には、同法1条1項に含まれている「故意又は過失」という文言がないことに注意してください。そうです、無過失責任なのです。「通常有すべき安全性」があるかどうかのみがポイントです。そのレベルは、営造物によって多様です。この点を、少し詳しく見てみましょう。

★通常有すべき安全性

　公の営造物は、それぞれの目的のために利用に供されています。例えば、橋梁の場合、どれほどの自動車や人がその上を通過すると想定するかで、当然、強度には違いがあります。判例によれば、「当該営造物の構造、用法、場所的環境及び利用状況等諸般の事情を総合考慮して具体的個別的に判断すべき」となります。要するに、具体的な営造物を設置する行政が、これらの事情を踏まえたうえで、被害発生の危険を予見しこれを回避できるような措置を講じていたかがポイントです。

　被害は発生しているのですから、責任を否定したい行政としては、予見可能性はなかったから結果回避措置を講ずることはできなかったと主張するしかありません。例えば、道路工事に関して夜間の運転者に注意を促すべく設置された赤色灯が他車によってはね飛ばさ

れた直後に現場を通行した自動車が道路下に転落して同乗者が死亡した事件においては、こうした主張が認められ、道路管理者の責任は否定されています（最一小判昭和50年6月26日裁判所ウェブサイト（赤色灯事件））。しかし、これが直後ではなく一定時間経過していたにもかかわらず放置されていたとすれば、パトロールによってそうした状態を発見でき、そうすれば結果は回避できたと判断されるでしょう。事案は異なりますが、事故原因となった障害物を87時間にわたり国道上に放置していた事案では、管理の瑕疵が認定されています（最三小判昭和50年7月25日裁判所ウェブサイト（国道170号線放置トラック事件））。

　営造物に関して、その本来の用法や通常の用法と異なる予想しがたい用法で使用された結果、被害が発生した場合に、国家賠償責任を否定する裁判例があります。ガードレールに座って遊ぶうちに後ろに倒れて受傷したケースなどです（最三小判昭和53年7月4日裁判所ウェブサイト（神戸夢野台高校事件））。予測可能性をどこまで求めるべきかは、難しい問題です。完全を要求すると不必要に厳重な装備となり、費用も莫大になります。その結果、設置できる場所が限定されてしまい、全体としての安全性の確保に支障が出るおそれもあるからです。

★間接的瑕疵としての供用関連瑕疵

　営造物それ自体には瑕疵があるわけではないけれども、それを供用させることにより、利用者ではなく、営造物周辺の住民に被害を与えることがあります。例えば、空港の機能には問題はないのですが、離発着する航空機に起因する騒音や大気汚染が健康被害や生活環境被害を発生させるような場合です。営造物の利用者ではない第三者との関係で認められる瑕疵は、「供用関連瑕疵」と称され、通常有すべき安全性の内容のひとつと位置づけられています。大阪国

際空港事件においては、こうした整理にもとづいて、最高裁判所大法廷は、公の営造物である同空港の設置管理の瑕疵を認めました（最大判昭和56年12月16日裁判所ウェブサイト）。

2. 住民訴訟制度

★違法活動の是正

　行政不服申立制度においても行政事件訴訟においても、それぞれ審査請求人適格と原告適格が問題とされました。これらがなければ、そもそも適法な争訟とはなりません。申立て・訴えは、却下されます。国家賠償訴訟においても、基本的には同様です。公権力の行使によって友人が損害を被ったからそれを賠償させるために自分が提訴するといっても、裁判所は、「あなたの問題ではないでしょ。」として、訴え棄却となります。日本の制度は、第8章でみたように、主観訴訟が基本なのです（←179頁）。

　しかし、「それでは、違法な行政判断のもとに公金が支出されているときに、誰の直接的かつ個人的不利益にもなっていないからといってそれを是正できないのはおかしい。」という議論もできます。確かに、法治主義に照らせば、行政の活動は適法でなければなりません。そこで、個人的な法的利害関係なしに、違法な行政判断を是正したり、それによる損害の賠償を求めたりする制度が創設されています。それが、住民訴訟制度です。

　これは客観訴訟であり、特別に法律が規定する場合にのみ認められるものです。その例である住民訴訟は、地方自治法242条の2以下が規定します。行政判断のすべてを対象にする一般的制度ではありません。「財務会計行為（＝お金に直接関係する決定）」に関するも

のに限定されています。ただし、その違法性を独立して問うだけではありません。それに先行する判断の違法性と関係づけて後行の財務会計行為の適法性が審査される場合もあります。例えば、本来は懲戒免職処分にすべき悪質な不祥事を起こした公務員を分限免職処分にしたために、退職金が支給されるというようなケースです。

　住民訴訟は、住民であれば、国籍を問わず、年齢を問わず、人数を問わず提起できます。提訴者は「公益の代表者」といわれることもあるのですが、ひとりでも提起できるのですから、代表をしているわけではありません。むしろ、適法な行政を確保するための制度といえます。

★住民監査請求と住民訴訟

　住民訴訟は、いきなり提起できません。地方自治法242条にもとづく住民監査請求を経る必要があります。まずは、監査委員の調査に委ねるのです。そして、その監査結果、監査委員の勧告、それを受けて講じられた措置に不服があるときなどの場合に初めて住民訴訟を提起できます。監査請求前置主義なのです。住民監査請求は、行為があった日ないし終了した日から原則として１年以内にしなければなりません。

　裁判所ではなく、まず行政の内部的対応によって違法行為の予防や是正を図ろうというのは、行政不服申立制度に似ていますね。しかし、住民監査制度については、行政不服申立制度のように、公正性の向上のための改革はされていません。それにもかかわらず、出訴の際には必ずこれを経由せよというのは、少し不合理です。

★住民訴訟の類型

　住民訴訟には、４つの類型があります。これは、地方自治法242条の２第１項各号が規定します。それぞれ「１〜４号請求」と称さ

れます。請求内容の概要は、［図表9.2］のとおりです。

■ ［図表9.2］住民訴訟の類型

種　類	内　　容
1号請求	執行機関または職員に対する行為の全部または一部の差止めの請求
2号請求	行政処分である当該行為の取消しまたは無効確認の請求
3号請求	執行機関または職員に対する怠る事実（不作為）の違法確認の請求
4号請求	職員または行為もしくは怠る事実（不作為）にかかる相手方に損害賠償または不当利得返還請求をすることを執行機関または職員に対して求める請求

★4号請求

　これまでもっとも利用されてきたのは、4号請求です。4号請求については、2002年の地方自治法改正によって制度が変わりました。以前は、住民が自治体に代位して、行為や不作為の相手を被告に訴えを提起していました。請求権を持つのは自治体ですが、それを行使しないために代わって住民が行使するのです。ところが、2002年改正によって、こうした直接性は修正されました。第1段階訴訟と第2段階訴訟の2つになりました。

　例えば、違法な支出をしたと考えるA市の管理職職員Bに関して損害賠償を求める必要がある場合には、A市の住民は、住民監査請求を経たうえで、A市を被告として、Bに対してA市が損害賠償または不当利得の返還を求める訴訟を提起することを命ずる判決を求めます。これが第1段階訴訟です。判決が確定して任意の支払いがなければ、A市の市長は、Bを被告として、それらを求める訴訟を提起します。これが第2段階訴訟です。

　少々ややこしいのは、A市の市長に対して損害賠償を求める場合

です。第1段階訴訟は同じなのですが、第2段階が異なります。A市を代表して、市長が自分自身に対して訴訟を提起するわけにはいきません。このような場合には、代表監査委員がA市を代表して、個人たるA市の市長を被告として、訴訟を提起します。

　提訴および判決の状況はどうなっているのでしょうか。最新のデータで確認しましょう。[図表9.3]をみてください。損害賠償の請求を求める4号請求が多いですね。これは、一貫した傾向です。却下、棄却、一部勝訴、全部勝訴というのは、この期間に提起された訴訟についてのものではありません。一部でも勝訴した事件は約13％（38/290）ですが、どのように評価するかは難しいです。

**■ [図表9.3] 住民訴訟の種類別件数と判決の内容
（2018年4月1日〜 2021年3月31日）**

	1号請求	2号請求	3号請求	4号請求	却下	棄却	一部勝訴	全部勝訴
都道府県	13	5	22	137	12	56	20	6
市区町村	61	24	90	341	9	40	14	0

［出典］地方自治月報60号から筆者作成

★住民訴訟をめぐる最近の動き

　地方自治法が住民請求制度を改正したのは、2002年でした。長や職員に対する提訴の直接性を遮断したのですが、その後も、制度改正の動きはあります。同法は、2017年に改正されました。その大きなポイントは、第1に、賠償責任額の上限設定です。これまでは、裁判所が認定した賠償額の支払い義務があったのですが、この改正により、長や職員等の自治体に対する損害賠償責任について、その職務を行うにつき善意でかつ重大な過失がないとき（＝軽過失しかないとき）は、条例で損害賠償責任額を限定してそれ以上の額については免責することを可能としたのです。第2は、長などに対する

自治体の損害賠償請求権や不当利得返還請求権を、監査委員の意見を聴取したうえで議会が放棄できるとしたことです。

　住民訴訟が地方自治法に導入されたのは、1948年でした。それ以降、勝訴例は少ないものの、この制度は、自治体の違法な公金の支出の是正に対して大きな役割を果たしてきました。その制度設計は、もともとバランスを欠き厳格に過ぎるものだったのでしょうか。最近の性急な改正を見ていると、「換骨奪胎」という言葉が適当ではないかと懸念されます。

本章のまとめ

　自治体に税金を払っている住民は、それが適切に使われることを求めています。被害者救済が必要なのは当然ですが、その一方で、行政の誤った判断によって、多額の公金が支出されるのは、何ともやるせない気持ちになります。住民訴訟の場合には、誤った支出を取り戻すことができるのですが、それは訴訟が成功した場合にかぎられますし、成功しても求償分の満額が返ってくるわけではありません。

　そのように考えると、適切な行政判断をすることの重要性は、強調しても強調しすぎることはありません。住民訴訟制度の改正も、違法な判断を奨励しているわけでは決してありません。自治体行政は、住民のために適切に行使すべき権限を預かっています。また、住民のために適切に支出すべき公金を預かっています。行政の判断が違法とされた裁判例を学習することなどを通じて、どのようにすればこうした判断を回避できるのかを考えてみましょう。

☆法務ドクターの法律診断⑱

住民訴訟の「戦果」

　住民訴訟の認容率は、確かに低い。しかし、歴史的に見るならば、そのショーケースには、数々の輝かしい勝訴判決が並んでいる。これらのなかには、違法とされた支出額は少額であったとしても、ひとつの事件の処理を超えて、行政運用の改善はもとより、憲法論や行政法論に対して、きわめて大きなインパクトを与えたものもある。いくつか紹介しよう。

　孔子廟のための公園敷地使用料の全額免除（最高裁大法廷令和3年2月24日判決）、玉串料等の靖国神社または護国神社への奉納（最高裁大法廷平成9年4月2日判決）、勧奨退職に応じた教頭を1日だけ校長にするという名誉昇給制度を適用した退職承認処分とそれに基づく退職手当支給（最高裁第三小法廷平成4年12月15日判決）、港湾の水底に堆積したヘドロの浚渫を原因企業に負担させることなくすべてを公費で実施したことによる出費（最高裁第三小法廷昭和57年7月13日判決）、観光に終始する議員の海外視察（最高裁第三小法廷平成9年9月30日判決）、議員の野球大会への支出（最高裁第二小法廷平成15年1月17日判決）。いずれも、裁判所ウェブサイトで内容を確認できる。

　こうした支出のなかには、半ば慣行化していたものもある。内部的なチェックでは、その違法性を指摘するのはきわめて難しい。また、長の判断に対して内部監査で異議を唱えるのも、現実には困難である。しがらみのない外部の第三者によるチェックの必要性は大きいというべきであろう。

······──────·······本書のまとめ·······──────······

　行政は、主権者である国民・住民とその代表者である議会とをつなぐ役割を持っています。行政がいなければ、主権者が議会に託して決定させた内容（法律・条例）は、たんなる紙切れにすぎません。それを実施する行政作用があってこそ、憲法のもとでの基本的人権の保障が現実のものとなるのです。主権者は、行政に対しても、その的確な実施を託しています。

　議会は、法律や条例を通じて、多くの命令をします。もちろん一挙手一投足を縛るのは不可能ですから、行政には、一定程度の判断の余地（裁量）を認めています。行政職員は、議会はいかにして主権者の福祉の増進を図ろうとしているのかのメッセージを読み取り、それを地域ニーズに適合するように実施しなければなりません。

　住民や事業者は、法律や条例のもとで確定された基本的人権を具体化するために、行政にアプローチします。これを受けて行政は判断をするのですが、その基準や理由が明確でなければなりません。行政手続法制は、法律や条例にもとづいて、行政が的確な判断をしたことを示せるよう、多くの義務づけをしています。行政手続法が行政に対して求めるさまざまな対応は、適法な行政をしているという行政のアカウンタビリティ発揮の手段でもあります。行政は、住民や事業者の人権を扱っているのですから、その内容の理解は、職員にとっては必須と言わなければなりません。

　法律は国会が制定し、それを所管する省が決まります。自治体が法律と向き合うのは、そこに自治体の事務が規定されている場合です。その規定ですが、多くが分権改革以前の機関委任事務時代に制定されているため、また、分権改革後であってもその趣旨が十分に理解されていないため、自治体の事務であるのに、その内容を自己

決定できると明記する規定がないのが通例です。しかし、全国統一的に実施すべきと考えられる部分は別にして、地域により異なった対応も可能と考えられる部分については、自治体は、憲法を根拠に、条例を制定してそれを最適化できるのです。こうした条例は、多く制定されています。

　行政の措置に不満な人はいますから、行政不服審査、行政事件訴訟、住民訴訟、国家賠償訴訟の提起を止めるわけにはいきません。職員としては、こうした争訟が提起されるかもしないと考え、「これまでそうしてきたから」という「慣性」に流されるのではなく、適法行政を意識して、常に緊張感を持って仕事にあたらなければなりません。

　行政職員は、常に適法な行政を意識しなければなりません。法律や条例は、判断にあたって重要な指示をしています。これに対する理解が十分にあれば、無理を求める外圧にも毅然と対応できます。自分の仕事に関係する法律や条例、そして、行政手続法や行政手続条例を学ぶのは、住民や事業者のみならず、自分をまもることにつながるのです。

【著者略歴】

北村 喜宣（きたむら　よしのぶ）

1960年京都市生まれ。神戸大学法学部卒業、同大学大学院法学研究科博士課程前期課程修了（法学修士）、カリフォルニア大学バークレイ校大学院「法と社会政策」研究科修士課程修了。神戸大学法学博士。1989年横浜国立大学経済学部講師、1990年同助教授。2001年上智大学法学部教授。2014年同大学法科大学院長、2021年同大学大学院法学研究科長を経て、現在、同大学法学部・法科大学院教授。

（専攻）
行政法学、環境法学

（主要単著書）
『環境法〔第6版〕』（弘文堂、2023年）、『自治力の闘魂』（公職研、2022年）、『空き家問題解決を進める政策法務』（第一法規、2022年）、『自治体環境行政法〔第9版〕』（第一法規、2021年）、『企業環境人の道しるべ』（第一法規、2021年）、『環境法〔第2版〕』（有斐閣、2019年）、『分権政策法務の実践』（有斐閣、2018年）など。

リーガルマインドが身につく
自治体行政法入門　改訂版

令和5年12月30日　第1刷発行

著　者　　北村 喜宣

発　行　　株式会社 **ぎょうせい**

〒136-8575　東京都江東区新木場1-18-11
URL：https://gyosei.jp

フリーコール　0120-953-431

ぎょうせい　お問い合わせ　検索　https://gyosei.jp/inquiry/

〈検印省略〉

印刷　ぎょうせいデジタル㈱
＊乱丁・落丁本は、お取り替えいたします。

©2023 Printed in Japan
禁無断転載・複製

ISBN978-4-324-11361-5
(5108919-00-000)
〔略号：自治体リーガル（改訂）〕